Gerhard Gäde

Die Ich-bin-Worte Jesu

Gerhard Gäde

Die Ich-bin-Worte Jesu

Meditationen zu Jesu Selbstverständnis und christlicher Identität heute

HERDER

FREIBURG · BASEL · WIEN

MIX
Papier | Fördert gute Waldnutzung
FSC® C014496
FSC www.fsc.org

www.herder.de
Umschlaggestaltung: Verlag Herder
Umschlagmotiv: Mosaik: Der gute Hirte, Mausoleo di Galla Placidia, Ravenna, Italien – © Hervé Champollion / akg-images
Satz: Barbara Herrmann, Freiburg
Herstellung: GGP Media GmbH, Pößneck
Printed in Germany
ISBN Print 978-3-451-39763-9
ISBN E-Book (PDF) 978-3-451-83272-7

Inhalt

Vorwort

Liebe Leserinnen und Leser!

Christliche Identität – was ist das? Wir haben sie nicht von Anfang an; denn wir kommen nicht mit ihr auf die Welt. Sie ist uns nicht angeboren. Und sie ist heute keineswegs mehr selbstverständlich; denn wir leben heute in einer weitgehend entchristlichten, säkularisierten und auch multireligiösen Gesellschaft. Zu einem christlichen Selbstverständnis kann uns nur durch andere Christinnen und Christen verholfen werden. Und es kann nur in einer christlichen Glaubensgemeinschaft entstehen und langsam wachsen. Denn „der Glaube kommt vom Hören" (Römerbrief 10,17). Das geschieht, wenn wir durch die Verkündigung der christlichen Botschaft dem Wort Gottes begegnen. Dieses Wort will gehört und aufgenommen werden. Es will in unseren Herzen ankommen. Dabei will es auch verstanden und bedacht werden. Denn man kann denken, ohne zu glauben, aber man kann nicht glauben, ohne zu denken!

Dieses Wort ist Jesus Christus, in dem Gott uns als Mit-Mensch begegnet. Dieses lebendige Wort Gottes will betrachtet und immer neu bedacht werden, so wie Maria, die Mutter Jesu es getan hat (vgl. Lukas 2,19). Es will unser Herz formen und uns in allen Lebenslagen Zuversicht und Hoffnung schenken. Wir sind nicht die, für die wir uns von uns aus halten. Wir sind Kinder Gottes. Das ist unsere christliche Identität, unser Selbstverständnis, das wir dem Wort Gottes verdanken, ganz unabhängig davon, welchen Alters wir sind, ob Mann oder Frau oder ob wir uns mit keiner dieser Geschlechtszuschreibungen identifizieren und unabhängig auch von unserer sexuellen Orientierung. Als Getaufte sind wir Kinder Gottes.

Dieses Büchlein möchte uns bei der Betrachtung des Wortes Gottes helfen und uns anregen, tiefer zu verstehen, wer wir als Christinnen und Christen sind und was wir unseren Mitmenschen in dieser zunehmend entchristlichten Gesellschaft zu sagen und zu bezeugen haben.

In den sieben Ich-bin-Worten Jesu im Johannesevangelium begegnen wir dem Selbstverständnis Jesu, nämlich wer er ist und wer er für uns sein will. In ihnen spricht sich Gott selber aus: als Brot und Licht, als Tür zum Leben, als guter Hirt, als Weinstock, als Wahrheit und Leben und als Weg, auf den er uns ruft und uns mitnimmt zu sich. Wenn wir diese Worte in unserem Herzen bewahren und betrachten, dann stärken wir unsere christliche Identität und verstehen mehr und mehr, wozu wir durch Taufe und Firmung berufen sind.

Diese Betrachtungen waren ursprünglich ein Exerzitienkurs, den ich vor mehreren Jahren für die *Benediktinerinnen von der ewigen Anbetung* in Osnabrück gehalten haben. Die positive Resonanz, die dieser Kurs bei den Schwestern fand, hat mich ermutigt, diese Meditationen zu erweitern, zu aktualisieren und als kleines Buch einem breiteren Leserkreis zugänglich zu machen.

Ich wünsche allen Leserinnen und Lesern wachsende Freude am Glauben und am eigenen Christsein.

Osnabrück, im Oktober 2023
Gerhard Gäde

Einführung

„Ich denke, also bin ich“ *(cogito, ergo sum)* – so sprach der französische Philosoph *René Descartes* (1596–1650) zu Beginn der Neuzeit. Damit räumte er den Zweifel an sich selbst und an der Wirklichkeit aus. Kann es sein, dass alles nur eine Täuschung ist? Dass dem, was ich sehe, erkenne und erlebe, keine Wirklichkeit zugrunde liegt, dass ein Betrüger-Gott *(genius malignus)* uns über uns selbst täuscht? Wie erhalte ich Gewissheit? Der Satz „Ich denke, also bin ich“ brachte für Descartes die Gewissheit, tatsächlich zu existieren, wirklich zu sein. Denn auch wenn ich zweifle, denke ich, also bin ich. Das kann nicht bezweifelt werden.

Für uns heute in der Postmoderne scheint das Denken allein nicht mehr die einzige Gewähr für Selbstgewissheit zu sein. Ich denke nicht nur. Ich fühle, empfinde, ich erlebe und erleide – also bin ich. Aber auch diese Schlussfolgerung ist ein Vollzug des Denkens, zu dem unter allen Lebewesen allein der Mensch fähig ist.

Wer bin ich?

Doch auch wenn dieser Zweifel an der eigenen Existenz (bin ich?) ausgeräumt ist, bleiben weitere Fragen: *Wer* bin ich? *Was* bin ich? Und im Blick auf andere Ichs: Wie sehen *sie* mich? Wer bin ich für sie? Und wer sind andere für mich? Mutter, Vater, Schwester, Bruder, Freunde, Partner, Mitarbeiter, Fremde, Feinde? Denn als Menschen leben wir in Beziehungen, oft in einem großen und weitverzweigten Beziehungsnetz. Wer bin ich darin? Was ist meine Identität? Ich erfahre mich mal so und mal anders. Mal als gut und ein anderes Mal als böse, als ängstlich und als mutig, als großzügig und als geizig, als freundlich und als zugeknöpft und abweisend, als gütig und als in mich selbst Verschlossener oder als Verliebter, eben mit vielen scheinbaren Widersprüchen. Dazu kommt die Lebenszeit. Bin ich zu verschiedenen Zeiten derselbe? Auch hier erfahren wir Brüche. Vor zwanzig Jahren war ich derselbe und doch nicht derselbe wie heute. Auch die Zeit arbeitet an unserer Identität. Kann man mehrere Identitäten haben? Gleichzeitig oder nacheinander? Wer bestimmt darüber? Ich oder andere, die mir spiegeln, wer ich für sie bin? Aber zeigt nicht die Tatsache, dass ich Widersprüche und Brüche in mir erfahre und erleide, dass sie unterfangen sind von etwas, das alledem zugrunde liegt? Gewissermaßen eine Identität unter der Benutzeroberfläche, die all das Widersprüchliche zusammenhält? Was ist diese Identität?

Woraus also setzt sich meine Identität zusammen? Und wie lässt sich die Spannung aushalten, die sich aus den scheinbar widersprüchlichen Anteilen in mir ergibt?

Man kann noch weiter fragen: Bin ich nur ein intelligentes Tier, das nicht nur fühlen und empfinden, sondern auch vernünftig denken kann? Bin ich nur eine Biomaschine, die bald durch künstliche Intelligenz und eine transhumane Existenz überwunden wird? Spiele ich nur Rollen, die mir meine Umwelt zuschreibt? Bin ich nur ein *Patchwork* von Rollen und ohne eine echte Identität? Identifiziere ich mich mit meinem biologischen Geschlecht, oder fällt es mir schwer? Wie erhalte ich Gewissheit über mich, über mein Wer-sein? Oder ist es nur ein Was-sein? Und welche Antwort hat der christliche Glaube darauf? Kann er uns eine letzte Gewissheit über uns geben? Und kann es überhaupt eine letzte Selbstgewissheit geben ohne den Glauben an Gott? Aber wer ist Gott? Ist er unser Identitätsstifter? Haben wir ihn uns in unserer Not nur ausgedacht? Oder kann ich ihm wirklich als ein Du im Glauben begegnen?

Die folgenden Kapitel möchten einladen zu Meditationen über das Geheimnis Christi. Dabei wollen wir Christus zu uns sprechen lassen. Von ihm können wir uns sagen lassen, wer wir sind in all unserer Verschiedenheit und Gebrochenheit. Er stiftet tatsächlich Identität, indem er uns sagt, wer *Er* für uns ist.

Wer Jesus ist

Schon die Zeitgenossen Jesu standen fassungslos vor ihm. Sie fragten nach seiner Identität: „Wer ist denn dieser, dass ihm sowohl der Wind wie der See gehorcht?" (Markus 4,41). Und: „Wer ist dieser Sohn des Menschen?" (Johannes 12,34). Selbst König Herodes sagte: „Wer aber ist dieser, von dem ich all solches höre?" (Lukas 9,9). Und er hatte den Wunsch, ihn einmal zu sehen. Dann fragt Jesus selbst die Jünger, wer er für die Menschen sei. Die Menschen ordnen ihn ein in ihr Vorverständnis: Sie halten ihn für den zurückgekehrten Johannes den Täufer, für Elija oder sonst einen Propheten aus dem Alten Testament (vgl. Matthäus 16,14). Schließlich wird aus dem *Er* ein *Du*: „Du bist wer?" (Johannes 8,25) fragen ihn die Juden.

Auch Jesus musste als junger Mensch sicher wie wir alle nach seiner Identität suchen. Die Evangelien markieren den Punkt in Jesu Leben, an dem er zu seiner Selbstgewissheit kam, im Ereignis seiner Taufe im Jordan durch Johannes den Täufer. Sie schildern das in einer Theophanie:

> Getauft stieg Jesus gleich aus dem Wasser, und siehe: Es öffneten sich ihm die Himmel, und er sah den Geist Gottes wie eine Taube auf ihn herabsteigen und auf ihn kommen. Und siehe, eine Stimme aus den Himmeln sagte: Dieser ist mein geliebter Sohn, an dem ich Gefallen gefunden habe. (Matthäus 3,16–17)

Jesus lässt sich tatsächlich seine Identität von Gott geben: „Mein geliebelter Sohn." Er steht in Gottes Wohlgefallen. Das war Jesu Selbstgewissheit. Er weiß sich von Gott angeschaut wie ein liebender Vater seinen Sohn oder seine Tochter anschaut.

Mit der Taufe Jesu beginnt seine öffentliche Verkündigung in Galiläa und später in Jerusalem. Von da an beginnt Jesus seine Identität zu leben und andere Menschen an seiner Selbstgewissheit teilhaben zu lassen. So lehrt er seine Jünger, das Vaterunser zu beten:

> So also sollt ihr beten: Unser Vater in den Himmeln! Geheiligt werde dein Name! (Matthäus 6,9)

Damit schließt er sie ein in sein eigenes Gottesverhältnis. Jesus, der Sohn Gottes von Ewigkeit her, schließt die Jünger in seine Selbstgewissheit mit ein. Diese wird zu einer Wir-Gewissheit. Auch die Jünger dürfen Gott als „Vater“ anreden und anbeten. Sie bekommen Anteil an Jesu Selbstgewissheit, an seiner Sohnschaft. Sie dürfen sich als Kinder Gottes verstehen und wissen sich in Gottes Wohlgefallen.

„Ich bin …"

Was Jesu Selbstgewissheit war und auch für uns werden soll, zeigt sich beispielhaft in den sieben Ich-bin-Worten Jesu im Johannesevangelium. Sie sind Jesu Antwort auf die Frage, wer er ist und wer er für uns ist. Sein Sein war immer ein Dasein für andere. Es gehört zu seiner Identität als Sohn Gottes, unser Bruder geworden zu sein.

In den Ich-bin-Worten offenbart sich Jesus als der Christus, der Messias Gottes: ich bin *(ego eimi)* die Tür, ich bin der gute Hirt, das Brot des Lebens und das Licht der Welt; ich bin der wahre Weinstock, der Weg, die Wahrheit und das Leben; und schließlich: ich bin die Auferstehung und das Leben. Jesus identifiziert sich in fünf von diesen Worten mit einer sichtbaren Wirklichkeit unserer Erfahrung und macht an ihr deutlich, wer er ist.

Es gibt auch das absolute „*ego eimi*“ im Johannesevangelium, das absolute „Ich bin“, also das bloße „Ich bin“ ohne Zusatz, zum

Beispiel dort, wo die Jünger spät am Abend nach der Brotvermehrung im schwankenden Boot auf dem aufgewühlten See sitzen und Jesus wie eine gespenstische Erscheinung auf dem Wasser auf sie zugeht. Als sie sich abgrundtief fürchten, ruft er ihnen zu: *„Ich* bin es. Fürchtet euch nicht!" und schenkt ihnen neues Vertrauen. Sein bloßes Dasein und Bei-ihnen-Sein war der Grund für dieses Vertrauen auf dem schwankenden Boden unserer Existenz (vgl. Johannes 6,16–21).

Die neutestamentliche Wissenschaft ist zu dem Ergebnis gekommen, dass es sich hier nicht um ein banales „Ich bin es" handelt, wie wir es manchmal sagen, wenn wir an die Tür eines Freundes klopfen und von innen gefragt wird: „Wer ist da?" Das griechische *„ego eimi"* ist vielmehr eine Übersetzung des hebräischen Gottesnamens JHWH *(Jahwe)*. Gott hat sich dem Mose am brennenden Dornbusch so offenbart: JHWH – Ich bin, der ich bin (vgl. Exodus 3,14). JHWH ist der für die Juden unaussprechliche Name Gottes.[1] Zu Recht kann man deshalb sagen, dass das absolute „Ich bin" im Johannesevangelium die Wiederaufnahme des alttestamentlichen Gottesnamens ist. Der Gott, der aus dem Munde Jesu spricht, ist kein anderer als der, der sich Mose und den Propheten als JHWH geoffenbart hat. Somit ist das „Ich bin" die neutestamentliche Offenbarungsformel schlechthin. In ihr offenbart sich Jesus als der JHWH, als der Gott, der mit seinem Volk einen Bund geschlossen hat. In den sieben Ich-bin-Worten konkretisiert Jesus, was das für uns bedeutet und wie er bei uns ist.[2]

Es geht also um die Identität Jesu und um die Erkenntnis seiner Identität im Glauben. Jesus im Glauben erkennen, ist etwas anderes als viel über den historischen Jesus zu wissen. Jesus bringt eine Wirklichkeit mit sich, die den historischen Jesus übersteigt und ihm deshalb über alle Zeit und Geschichte hinaus bleibende Bedeutung verleiht.

Die Ich-bin-Worte wollen uns helfen, Jesus als den *Christus*, den *Messias*, im Glauben zu erkennen. Es ist also sein Wort, das uns seine Identität erschließt und durch das er auch für uns zum

Logos, zum Wort und Ausleger Gottes wird, in dem Gott jeden von uns anspricht und sich darin selber mitteilt. Denn „keiner hat jemals Gott gesehen. *Er* einziggeborener Gott, der am Busen des Vaters ist, er hat (Gott) ausgelegt" (Johannes 1,18).

Aber die Frage nach der Identität Jesu ist – wie ich schon andeutete – eng auch verbunden mit unserer eigenen Suche nach Identität, nach uns selbst, nach Selbstgewissheit. Wer bin *ich*? Wie kann ich mich erkennen? „Erkenne dich selbst!" *(gnothi seauton)* stand an einer Säule des Apollotempels im antiken Delphi. Dieses Wort ist ein uralter Imperativ schon der griechischen Philosophen; er geht wohl zurück auf *Heraklit von Ephesus* (520–460 v. Chr.). Es geht um eine Frage, die seit jeher den Menschen umtreibt. Der Mensch ist sich selbst ein Problem. Wenn es nicht so wäre, gäbe es keine Philosophie, die diese Frage zu ergründen sucht. Umso mehr heute, da sich viele als fragmentiert, zerteilt, unidentisch, hin und her gerissen erfahren und eher eine *Patchwork*-Identität haben, die keine wirkliche Identität ist, kein wirkliches Aus-einem-Guss-Sein ist.

Ob die Ich-bin-Worte Jesu auch etwas mit unserer Identität zu tun haben und vielleicht gar die Frage beantworten, wer wir selber sind? Es geht in der Tat nicht darum, Jesus irgendwie zu identifizieren, so wie man über den Personalausweis jemand identifizieren kann oder der Leichnam eines Toten durch dessen Angehörige identifiziert wird. Es geht auch nicht um ein Identifizieren Jesu, wie man in der Geschichtsforschung etwa Julius Cäsar oder Karl den Großen identifizieren und beschreiben kann. Es geht vielmehr um Identität, um das Wer-sein eines Menschen und um das Erkennen einer Person! „Wer bist du?" Diese Frage ist – wir werden sehen – zutiefst verbunden auch mit der Frage: „Wer bin *ich* eigentlich?" Denn am Du bildet sich und reift Identität. Ich möchte sagen: Die Antwort auf die Frage, wer ich als Christ bin, hängt auch von der Antwort auf die Frage ab, wer Jesus eigentlich ist.

Die Bibel selbst weiß um die verwandelnde Kraft des Wortes Gottes. In ihr wird uns immer wieder gezeigt, wie Menschen zu ihrer wahren, von Gott bestimmten Identität finden, die sie sich selbst nicht geben können. Wenn ich Gottes Wort wirklich höre, dann „höre" ich mit eigenen Ohren, dass ich in Wirklichkeit ein anderer bin als der, für den ich mich allein von mir aus halte. Die biblische Botschaft ist von Anfang an die Verheißung des Anderssein und des Anderswerdens: Der biblische Abraham wird gerufen, aus sich selbst herauszufinden zu seinem wahren Dasein:

> Der Herr sprach zu Abraham: Geh fort aus deinem Land, aus deiner Verwandtschaft und aus deinem Vaterhaus in das Land, das ich dir zeigen werde! (Genesis 12,1)

Er soll hinter sich lassen, was bisher seine Selbstgewissheit ausmachte und aus der Unfruchtbarkeit seiner Zukunftssorge zum „Vater der Vielen" werden (vgl. Genesis 17,5). Und so setzen sich die Berufungsgeschichten in der Bibel fort: Jakob erhält den Namen „Israel" (Gottesstreiter: Genesis 32,29); das Volk Israel wird nicht mehr hören „Ihr seid nicht mein Volk", sondern „die Söhne des lebendigen Gottes seid ihr" (Hosea 2,1); aus dem vom eigenen Vater zuerst schamhaft verleugneten jungen David wird ein König (vgl. 1 Samuel 16,13) und aus dem Viehzüchter Amos ein Prophet (vgl. Amos 7,14). Ähnlich ergeht es Jeremia (vgl. Jeremia 1). Bei Ezechiel erheben sich tote Gebeine zu neuem Leben (vgl. Ezechiel 37) und ganz gewöhnliche Menschen mutieren zu Propheten, Sehern und Visionären (Joël 3,1). Aus Blinden werden Sehende und aus Lahmen Gehende, aus Aussätzigen werden Reine und aus Tauben Hörende (vgl. Matthäus 11,5). Aus dem erbitterten Christenverfolger Saul wird der Apostel Paulus. Ein einfaches Mädchen aus Nazareth kann sagen: Gott hat auf mich geschaut und hat Großes an mir getan (vgl. Lukas 1,48). Aus dem alten Adam wird Christus (vgl. Röm 5,12ff; Gal 2,20; 3,27). Der sich selbst überlassene und so dem Tod geweihte Mensch wird zum Leben erweckt, zu dem, was er in Gottes Augen in Wahrheit ist und sein soll.

Der junge evangelische Theologe *Dietrich Bonhoeffer* (1906–1945) hat 1944 in dunkelster Zeit, als er im Gefängnis saß und den eigenen gewaltsamen Tod vor Augen hatte, ein Gedicht verfasst. Es trägt den Titel „Wer bin ich?"

Wer bin ich? Sie sagen mir oft,
ich träte aus meiner Zelle
gelassen und heiter und fest
wie ein Gutsherr aus seinem Schloß.

Wer bin ich? Sie sagen mir oft,
ich spräche mit meinen Bewachern
frei und freundlich und klar,
als hätte ich zu gebieten.

Wer bin ich? Sie sagen mir auch,
ich trüge die Tage des Unglücks
gleichmütig, lächelnd und stolz,
wie einer, der Siegen gewohnt ist.

Bin ich das wirklich, was andere von mir sagen?
Oder bin ich nur das, was ich selbst von mir weiß?
Unruhig, sehnsüchtig, krank, wie ein Vogel im Käfig,
ringend nach Lebensatem, als würgte mir einer die Kehle,
hungernd nach Farben, nach Blumen, nach Vogelstimmen,
dürstend nach guten Worten, nach menschlicher Nähe,
zitternd vor Zorn über Willkür und kleinlichste Kränkung,
umgetrieben vom Warten auf große Dinge,
ohnmächtig bangend um Freunde in endloser Ferne,
müde und leer zum Beten, zum Denken, zum Schaffen,
matt und bereit, von allem Abschied zu nehmen?

Wer bin ich? Der oder jener?
Bin ich denn heute dieser und morgen ein anderer?
Bin ich beides zugleich? Vor Menschen ein Heuchler
und vor mir selbst ein verächtlich wehleidiger Schwächling?
Oder gleicht, was in mir noch ist, dem geschlagenen Heer,
das in Unordnung weicht vor schon gewonnenem Sieg?

Wer bin ich? Einsames Fragen treibt mit mir Spott.
Wer ich auch bin, Du kennst mich, Dein bin ich, o Gott![3]

Wir erkennen hier einen Bonhoeffer, der einen Widerspruch sieht zwischen dem, wie andere Menschen ihn sehen und dem, was er selbst von sich weiß. Ein Widerspruchsproblem, der ihn umtreibt: Wer von beiden bin ich? Andere, seine Wächter und Mitgefangenen, halten ihn für einen selbstbewussten Mann, für eine Person, die ihrer selbst sicher ist. Er selbst aber erfährt sich hinter den Gefängnismauern als „unruhig, sehnsüchtig, krank, wie ein Vogel im Käfig" und auch als „müde und leer zum Beten, zum Denken, zum Schaffen". Wer bin ich? Der oder jener? Der Selbst- oder der Fremdinterpretierte? Oder wechsle ich ständig meine Identität? Gibt es nur Rollen, die ich spiele? Oder gibt es wirklich mich selbst?

Erst ganz am Ende, in der letzten Zeile, schlägt das Gedicht um in ein Gebet: „Wer ich auch bin, Du kennst mich, Dein bin ich, o Gott!" Bonhoeffer verzichtet darauf, sich in sich selbst zu gründen. Er überlässt es Gott, Grund und Eigentümer seiner Existenz zu sein. Er gehört Gott. Dieser weiß um ihn und weiß, wer er in seinen Augen ist, so wie schon der Sänger im 139. Psalm sich selbst verstand: „Herr du hast mich erforscht und kennst mich."

Nun könnte man fragen: Wer ist dieser Gott, in dessen Gemeinschaft Bonhoeffer sich weiß? Er sagt ja: „Dein bin ich." Dieses Wissen macht zutiefst die Identität aus, die das Auseinanderstrebende in ihm zusammenhält und seinem Ich Gestalt gibt. Ja, wer ist dieser Gott, den niemand je gesehen hat, in dessen Hand wir aber erst wir selbst werden?

Die Ich-bin-Worte Jesu wollen darauf antworten, indem sie uns hineinnehmen in das Geheimnis Gottes und uns so diese Gemeinschaft mit Gott mitteilen und damit die Gewissheit schenken: Ich bin ein Kind Gottes, ein Kind dessen, ohne Wen nichts ist und ohne Wen auch ich nicht wäre.[4]

Vielleicht tun wir gut daran, dieses Gedicht Bonhoeffers noch ein wenig zu betrachten und auf uns wirken zu lassen. Vielleicht gibt es Zeilen, in denen sich auch mein Leben und Fragen spiegelt und in die ich einstimmen kann. Womöglich gelingt es dann auch, uns die letzte Zeile tiefer zu eigen zu machen, mit ihr vielleicht vor dem Schlafengehen unseren Tag zu beschließen, so dass diese Zeile unsere tiefste Gewissheit ausdrückt, die unsere Identität im Angesicht Gottes formt.

Identitätskrise

Unsere christliche Identität ist weithin in die Krise geraten. Was macht sie aus? Es ist in unserer säkularen Welt nicht mehr selbstverständlich, ein Christ oder eine Christin zu sein. Christliches Selbstverständnis wird von allen Seiten in Frage gestellt. Im gesellschaftlichen Diskurs spielt es kaum mehr eine Rolle. Auch die individuelle christliche Identität ist bei vielen von uns brüchig und schwach geworden. Schwache Identitäten können in der Regel nicht viel Gutes bewirken. Denn vom Selbstverständnis eines Menschen hängt auch sein Wirklichkeits*verhältnis* ab, nämlich unser Zugehen auf unsere Mit- und Umwelt. Mit einem unsicheren Selbstverständnis fällt es schwer, in rechte Beziehungen zu anderen Mitmenschen und zur Umwelt zu treten.

Seit vielen Jahren ist von der Klimakrise die Rede. Die Auswirkungen spüren wir auch hierzulande. Mehr und mehr ist deutlich geworden, wie sehr der Klimawandel auch menschengemacht ist. Er verlangt von uns ein wirksames Umdenken und Umlernen. Das betrifft vor allem unser Verhältnis zur natürlichen Umwelt. „Die entscheidende Frage, die durch die Klimakrise ins Blickfeld gerückt wird, ist … die Frage nach dem Verhältnis der Menschheit zur Natur. Dass in diesem Verhältnis etwas nicht in Ordnung ist, bringt der Klimawandel an den Tag."[5] Selbstverständliche Lebensstile und Einstellungen vor allem auf dem Gebiet der Mobilität (Autofahren, Fliegen, Reisen etc.), der Ernährung (Fleischkonsum) und des Energieverbrauchs stehen auf dem Prüfstand. Von den Menschen werden starke Einschnitte in ihrer Lebensführung erwartet. Wir können einfach nicht mehr so weitermachen wie bisher. Umkehr ist angesagt.

Offenbar hängt der befürchtete Klimawandel zusammen mit einem verkehrten Verhältnis zur Natur. In unserer kapitalistischen Wirtschaft haben wir die Natur mehr und mehr als bloßes Ausbeutungsobjekt in den Blick genommen. Unser materieller Wohlstand beruht zu großen Teilen auf dieser Mentalität. Diese prägt unser Verhältnis zur Natur, mit der wir Raubbau betreiben. Raubbau ist ein selbstwidersprüchliches Tun, weil es genau das auf Dauer untergräbt, was wir eigentlich erreichen und bewahren wollen: unser Wohlergehen. Denn die Natur, zu der wir vielfach ein entfremdetes Verhältnis haben, bildet die Grundlage unseres Lebens. Die Verschmutzung der Weltmeere durch unverrottbares Plastik und Erdöl, die Betrachtung der Tiere als bloße Fleischlieferanten, die Zerstörung der tropischen Regenwälder, der ungehemmte Verbrauch der Energieressourcen – das alles trägt immer schneller bei zu einem Klimawandel, der viele Regionen im Süden fast unbewohnbar machen wird. Der Raubbau an der Natur, deren Teil wir auch sind, setzt auf Dauer unsere Lebensgrundlagen aufs Spiel.

Wir wissen das alles; und doch tun wir uns schwer damit, unser Verhalten und unseren Lebensstil zu verändern. Die uns von der Politik auferlegten Maßnahmen empfinden wir bereits als drastisch und einschneidend. Viele rebellieren dagegen. Knappheitsängste greifen um sich. Andere, z. B. die Bewegung *Letzte Generation*, betrachten sie als viel zu unzureichend, als dass sie sich tatsächlich positiv auf die klimatischen Entwicklungen auswirken könnten.

Was Not tut, ist ein neues Denken und ein daraus resultierendes neues Verhältnis zur Natur. Doch wie finden wir es? Es setzt wohl ein neues Selbstverständnis und Selbstverhältnis voraus. Dieses dürfte die Bedingung der Möglichkeit sein, um ein neues Verhältnis zur Wirklichkeit auszubilden. Doch wir Menschen erfahren uns häufig damit überfordert. Nach dem vermeintlichen „Tod Gottes" *(Friedrich Nietzsche)* ist hierzulande die Gottesgewissheit weithin geschwunden und christliche Identitäten brüchig und schwach geworden. Dabei wäre es gerade jetzt, da die Kirche in Deutschland in einer tiefen Krise steckt, überaus wichtig, sich von Gott eine starke christliche Identität schenken zu lassen und damit auch ein neues Wirklichkeitsverhältnis. Dazu ist Vertrauen in Gottes Wort nötig, eben der Glaube, von Gott liebevoll angenommen zu sein, wie Bonhoeffer es in der letzten Zeile seines Gedichts formuliert hat. Eine Identität also als Kinder Gottes, die die Welt als Gabe betrachten, als „geschaffene Gnade" und sich selbst als Heger und Hüter dieser Gabe.

Die Ich-bin-Worte Jesu im Johannesevangelium zeigen uns, wie Jesus sich verstand: Als Sohn Gottes, der sich mit den ihm anvertrauten Menschen, ja mit der ganzen Menschheit verbrüdert hat als Licht, als Brot, als Tür, als Hirte, als Weinstock, als Wahrheit und als Leben. An alldem will er uns Anteil geben, unsere Identität formen, uns ein „neues Herz" (vgl. Ezechiel 26,26) und ein neues Denken geben, das dem Heil und der Zukunft der Welt dient.

Neue Verhältnisse

Jesus ging es darum, die Verhältnisse in der Welt zu verändern, nämlich die Verhältnisse, an denen er selbst zugrunde ging. Ohne ein versöhntes Verhältnis zu Gott – davon dürfte Jesus überzeugt gewesen sein – gibt es auch kein versöhntes und heiles Verhältnis des Menschen zu sich selbst, zu den Mitmenschen und zur Natur. Dies ist der Sinn des Hauptgebotes: Liebe zu Gott und Liebe zum Nächsten, ja, selbst zum Feind. Dabei geht es um den Verzicht auf herrschaftsförmiges Handeln, das von Angst voreinander getrieben wird, Verzicht also auf den Willen zur Macht um ihrer selbst willen. Anders findet der Mensch nicht zu wahrer Menschlichkeit. Sogar gegenüber dem Feind soll der Jünger Jesu sich nicht mehr feindlich verhalten, sondern freundlich. Nur in einem versöhnten Verhältnis zu Gott lassen sich such versöhnte Verhältnisse in der Welt schaffen. Wer sind unsere „Feinde"? Das müssen nicht nur Menschen sein. Allzu lange haben wir Menschen uns auch die Natur zum Feind gemacht. Von Anfang der Menschheit an mussten sich die Menschen gegen eine übermächtige und bedrohliche Natur behaupten. Sie wurde als lebensfeindlich wahrgenommen. Aber sie zu bekämpfen, zu unterdrücken hat schließlich dazu geführt, dass sie zurückschlägt, wie wir es beim beginnenden Klimawandel erleben. Auch gegenüber der übermächtigen Natur brauchen wir „Feindesliebe", einen freundlichen und nicht einen ausbeuterischen Umgang. Auch das gehört zur christlichen Identität.

Ich bin die Tür
Johannes 10,7–10

Da sagte Jesus wieder: Amen, amen, ich sage euch:
Ich bin die Tür zu den Schafen. Alle, die vor mir kamen, sind
Diebe und Räuber, doch die Schafe haben auf sie nicht gehört.
Ich bin die Tür. Wenn einer durch mich eintritt, wird er
gerettet werden und er wird eintreten und hinausgehen und
Weide finden. Der Dieb kommt nur, um zu stehlen und zu
schlachten und zugrunde zu richten. *Ich* bin gekommen,
damit sie Leben haben und im Übermaß haben.

„Geschlossene Gesellschaft", so heißt ein Theaterstück des französischen Philosophen *Jean Paul Sartre*. Drei Menschen, ein Mann und zwei Frauen, sitzen in einem schäbigen Hotelzimmer, dessen Tür sich nur von außen öffnen lässt. Das ganze Drama spielt sich in diesem Zimmer ab. Die drei Personen sind tot und befinden sich in der Hölle. Zunächst wundern sie sich, dass es keine Folterwerkzeuge in diesem Raum gibt. Es gibt aber auch keinen Ausweg aus dieser Situation. Niemand hat einen Schlüssel, um die Tür aufzuschließen. Die Menschen, die dort zusammen sind, blicken auf ihr vergangenes Leben zurück. Dabei gehen sie sich dermaßen auf den Geist, machen sich das Zusammensein so unerträglich, dass schließlich einer von ihnen ausruft: „Die Hölle – das sind die anderen!"

Sartre erzählt nicht eine Geschichte über andere, unglücklich eingeschlossene Menschen. Vielmehr sagt er mit dieser Geschichte etwas über uns alle. Das geschlossene Zimmer ist die Welt. Die Menschen darin sind wir. Anstatt einander zum Segen zu werden, hindern die Menschen einander am Leben, stehen sich gegenseitig im Wege, werden füreinander zur Last, ja sogar zur Hölle. Es ist paradox: Sie können nicht ohne einander sein. Und zugleich sind sie füreinander unerträglich. Und das Schreckliche: Aus dieser Hölle führt kein Weg hinaus ins Freie. Und niemand kann herein. Die Türen sind verschlossen. Es gibt keinen Fluchtweg. Alle Bemühungen, da herauszukommen, bleiben vergeblich. Absurdität des Daseins! Die Welt als Hölle!

In der Tat: wohin immer ich flüchte, meine Probleme nehme ich mit. Meine Grenzen kann ich nicht sprengen. Überall stoße ich wieder auf Menschen, die ich als bedrohlich empfinde. Und alles Glück, das ich mir selber schaffe, kann mich nicht über die Wirklichkeit hinwegtäuschen: Die Welt als ganze ist wie ein geschlossener Raum, ein geschlossenes System, in dem die Menschen auf Gedeih und Verderb einander ausgeliefert, aber auch aufeinander angewiesen sind. Das gilt nicht nur für die Eingeschlossenen in Sartres Drama. Es gilt für uns alle: die Welt hat keinen Notausgang. Der Himmel bleibt verschlossen und ist von uns aus nicht zu öffnen. Was nicht Himmel ist, ist Hölle. Die Welt – ein Abbild und Gleichnis der Hölle?

Tatsächlich ist das Zusammenleben mit anderen von jeher für die Menschen ein Problem. Überlegen wir einmal, vor wieviel verschlossenen Türen wir im Leben schon gestanden haben. Vielleicht Türen, die uns vor der Nase zugeschlagen wurden. Einander aushalten wird immer schwieriger. Die sozialen Medien im Internet sind voll von Hetze und Hass. Morddrohungen gegen Politiker und sozial engagierte Menschen sind heute an der Tagesordnung. Ganz zu schweigen von Terrorismus und Kriegen. Schon die Bibel ist voll von Geschichten, in denen diese Ausweglosigkeit aus dem zwischenmenschlichen Drama Thema ist. Gewalt ist wie ein roter Faden, der sich durch das Alte Testament zieht. Es geht um das Unversöhnte in den zwischenmenschlichen Beziehungen. Denken wir nur an die biblische Geschichte von Kain und Abel (Genesis 4). Sie ist unmittelbar verbunden mit dem verschlossenen Tor des Paradieses, aus dem das erste Menschenpaar vertrieben wurde. Die Menschen sind in die Gottferne verbannt. Das Tor hat sich unwiderruflich geschlossen. Es wird von zwei Cheruben bewacht (vgl. Genesis 3,23f.). Der Himmel ist verschlossen, die Rückkehr ins Leben versperrt. Es ist diese von Gott abgeschnittene Welt, in welcher der Mensch dem Mitmenschen zum Mörder wird. Und dies geschieht paradoxerweise in dem Moment, in dem die beiden Brüder nach Gott rufen.

Und so setzt sich die Menschheitsgeschichte fort. In immer neuen Anläufen versuchen die Menschen, dieser ausweglosen Situation zu entkommen. Indem sie Kriege führen, Land erobern, andere Völker unterwerfen, sich die Natur dienstbar machen. Aber auch, indem sie Tempel bauen, nach dem scheinbar fernen Gott schreien (vgl. Genesis 4,26b), Opfer darbringen. Und schließlich, indem sie sich Rechtsordnungen geben, Regeln für das Zusammenleben erlassen, den Staat als Ordnungsmacht erfinden, um das Miteinander erträglicher zu machen, um es irgendwie auszuhalten auf diesem von Blut und Tränen getränkten Planeten.

Die Gottferne – eine menschliche Grunderfahrung

Den Ausweg suchen! Christlich betrachtet thematisiert Sartre mit seinem Drama eine menschliche Grunderfahrung: die Gottferne, die Gottverlassenheit des Menschen, eben seine scheinbar absurde Lage, die für die Bibel die Situation nach dem Sündenfall ist. Der Mensch sehnt sich danach, aus diesem geschlossenen System der Welt herauszukommen, das ihm zu eng und zu bedrohlich wird. Das Wort „Angst“ kommt von „eng“ und hängt mit der Enge und Bedrohung des Daseins zusammen. Die Angst, die uns bei gewissen Gelegenheiten überkommt, ist aber nicht nur da, wenn sie manifest wird. Latent ist sie immer vorhanden auf dem Grund unserer Seele. Denn man kann sie beliebig aktivieren. Dann kommt sie heraus, gewinnt Macht über uns, bedroht uns und kann uns ein panisches, ein schier unmenschliches Gesicht geben. Es ist diese Angst, die den Menschen umtreibt und ihn unmenschlich werden lässt und in einen „Teufel" verwandeln kann. Die Bibel weiß in unzähligen Geschichten davon zu erzählen, wie der Mensch aus lauter Angst um sich selbst unmenschlich und zum Raubtier wird und so ein verkehrtes Verhältnis zu seiner Mitwelt lebt. Der Hebräerbrief bringt es auf den Punkt, wenn er in dieser Macht der Angst um sich selbst die ganze Erlösungsbedürftigkeit des Menschen erblickt:

> Da nun die Kinder an Blut und Fleisch teilhatten, hat auch er (= Christus) in gleicher Weise an denselben teilgehabt, damit er durch den Tod den zunichte macht, der die Todesmacht hatte, das heißt den Teufel, und befreit so viele, die aus Furcht vor dem Tod das ganze Leben hindurch der Knechtschaft verfallen waren. (2,14f.)

Offenbar ist es diese Angst, diese Enge, dieses Eingesperrtsein in die engen Grenzen von Geburt und Tod, in die Vergänglichkeit, in die bedrohliche Kraft der Natur, die uns so verwundbar und voller Angst macht und damit erlösungsbedürftig. Diese Angst zeigt sich in vielfacher Weise. In unserer Wohlstandgesellschaft vielleicht am ehesten in der Angst, zu wenig vom Leben abzukriegen, und das gerade bei Menschen, die doch alles haben. Dann wird der Mitmensch, der mehr hat, der erfolgreicher und begabter ist, als Bedrohung empfunden. Der Mensch ist in der Neuzeit zum *Homo oeconomicus* geworden. Das ökonomische Denken prägt vielfach unsere Identität. Damit beginnt der verbissene Konkurrenzkampf um die besten Anteile, um die Gunst der Vorgesetzten, um die Standortvorteile, um die Rohstoffe usw. Bloß nicht zu kurz kommen! Bloß keine ökonomische Chance verspielen!

Das alles gibt es nicht nur draußen, in der „Welt". Es reicht hinein auch in das Miteinander in der Kirche, in die Gemeinden, in die Familien, in die Klöster. Überall kann das Miteinander vergiftet und die Suche nach einem Notausgang drängend werden. Aber wie gesagt: Wohin immer man flüchtet, man nimmt sich selbst mit, mit seinen Abgründen, mit seinen Ängsten und mit all dem, was uns bange macht.

Jesus spricht von „Dieben und Räubern", die vor ihm kamen, „um zu stehlen und zu schlachten" (vgl. Johannes 10,8 u. 10). Wen meint er damit? Sind konkrete Menschen gemeint? Die großen biblischen Heilsgestalten wie Mose, David oder die Propheten können wohl nicht gemeint sein. Aber Jesus setzte sich ständig mit den Pharisäern und Gesetzeslehrern auseinander, die er in den synoptischen Evangelien als Heuchler bezeichnet, welche die Menschen in die Irre führen und kein Heil vermitteln.[6]

Sie sind keine Tür, die zum Heil in der Gemeinschaft mit Gott führt.

Man kann es aber noch weiter und umfassender verstehen: Die Bibel schildert, wie die Menschen, nachdem sie die Gottgemeinschaft im Paradies verloren und verspielt haben, sich gottverlassen vorfinden, wie Findlinge, die verloren auf dem Acker liegen, zurückgeworfen auf sich selbst. Die Tür zum Paradies ist verschlossen. Hier beginnen sie sich auch zu besinnen. Vielleicht ist es die schwächer werdende, aber im kollektiven Gedächtnis bleibende Erinnerung an das Paradies, die in ihnen den Wunsch weckt, die Gnade Gottes zurückzugewinnen. Sie möchten, dass jemand sie liebevoll und gnädig anschaut; dass Überlebenskampf, Konkurrenzkampf, Neid und Angst voreinander nicht das letzte Wort behalten. Die Menschen beginnen religiös zu werden. Religion ist der Schrei nach Gott, der Ruf nach Gnade in einer gnadenlosen Existenz. „Aus der Tiefe rufe ich zu dir" schreit der Psalmist (Psalm 130,1). Religion zeigt, dass der Mensch es in seiner Endlichkeit, in der er eingeschlossen ist, nicht aushält. Er nimmt wahr, dass er immer vollendungsbedürftig bleibt, auch im hohen Alter. Nichts Irdisches kann unser Vollendungsverlangen stillen. Denn alles Irdische ist genauso vergänglich und flüchtig wie wir selbst.

Wie finde ich einen gnädigen Gott?

Martin Luther war in seiner Zeit bewegt von der Frage: „Wie finde ich einen gnädigen Gott?" In allen Religionen artikuliert sich diese Frage aufgrund unserer Vollendungsbedürftigkeit und der Hoffnung auf einen Lichtblick, auf einen Gott, der uns gnädig ist. Doch auch Religion erweist sich als zutiefst zwielichtig. Sie hat auch eine gewalttätige Seite. Wir wissen das nicht erst, seit es religiös motivierte Gewalt gibt, die in dieser Zeit so viel Unheil anrichtet. Nicht nur der religiöse Fanatismus und Fundamentalismus unserer Tage führt uns das vor Augen. Schon die Bibel weiß davon. Kain und Abel bringen ihrem Gott Opfer dar von den Früchten ihrer Arbeit. Offenbar mit Sehnsucht und Verlangen, Ansehen beim scheinbar schweigenden Gott zu erlangen.

Der *Jahwist*[7], dieser geniale biblische Erzähler, präsentiert uns mit dieser Geschichte den religiösen Ur-Konflikt oder auch den ersten Religionskonflikt der Menschheit, der sich im Brudermord austobt. Das sei hier etwas ausführlicher erläutert.

Kain und Abel

Die Geschichte erzählt, dass die beiden Brüder – das erste Geschwisterpaar der Menschheit – von den Erträgen ihrer Arbeit Gott ein Opfer darbringen. Kain als Bauer bietet Gott von seinen Feldfrüchten an, Schafhirt Abel opfert von den Erstlingen seiner Herde. Und sodann heißt es: „Jahwe schaute auf Abel und sein Opfer, aber auf Kain und sein Opfer schaute er nicht. Da überlief es Kain ganz heiß, und sein Blick senkte sich" (Genesis 4,4f). Kain also wird von tödlichem Zorn erfüllt, ausgerechnet während er an der Seite seines Bruders und mit diesem Religion vollzieht. Sodann mordet er ihn aufgrund von Eifersucht und Zorn auf den ihm unverständlichen, rätselhaften Gott.[8]

Denn Abel scheint ihm vor Gott daseinsberechtigter zu sein als er selbst. Religion steht in dieser Geschichte im Dienste der Vergewisserung der eigenen Daseinsberechtigung und damit der Selbstrechtfertigung des Menschen vor Gott. Beide Brüder möchten bei Gott Ansehen haben. Doch nur dem einen gelingt es, sich dieses Ansehens zu vergewissern. Ist das Opfer Abels tatsächlich bei Gott „angekommen", das Opfer Kains dagegen nicht?

Religion zeigt hier durchaus auch ein anderes Gesicht, als es eine rein optimistische Sicht wahrhaben will. Es handelt sich dabei wohl nicht nur um einen Schönheitsfehler. Die Bibel erkennt diese dunkle Seite als mörderisch, ja, als für die Menschheit in ihrem universalen Zusammenhang verhängnisvoll (vgl. Genesis 4,11–16). Vor allem aber ist diese dunkle Seite offenbar eine direkte Folge des Sündenfalles der Eltern. Darauf weist die Parallelität von Genesis 4 mit der Erzählung vom Sündenfall in Genesis 3 hin. Der Zusammenhang beider Geschichten wird zudem durch das Thema des Todes als zunächst angedrohtem und dann als in Erfüllung gehender Drohung besonders deutlich. Gott droht dem Menschen mit dem Tod für den Fall, dass er vom „Baum der Erkenntnis von Gut und Böse" isst (Genesis 3,17). Doch es sind nicht Adam und seine Frau, die aufgrund ihrer Sünde sterben. Die Drohung bewahrheitet sich erst in der nächsten Generation, nämlich bei Abel. Mit dem Brudermord beginnt die Menschheitsgeschichte zugleich eine Geschichte des Todes zu sein. Der Sündenfall in der Schöpfungsgeschichte ist nicht nur eine Episode. Er bestimmt vielmehr wie eine nicht zu ändernde Vorgegebenheit das ganze Leben und wirkt sich tatsächlich tödlich als „Erb-sünde" in der Geschichte der Menschheit aus. Denn der Glaube, die Gewissheit, Gemeinschaft mit Gott zu haben, ist uns nicht angeboren, wird uns also nicht von unseren Eltern vererbt. Vererbt wird uns nur diese unsere nackte, verwundbare, todgeweihte und deshalb von Angst erfüllte Existenz, die aus Erde gemacht ist.

Die Menschen werden nun nicht mehr in der Gottgeborgenheit des Paradieses gezeugt und geboren, sondern auf dem verfluchten Acker, in der Ferne von Gott, in der abgründigen Angst um das Dasein. Hier entsteht Religion als Suche nach dem verlorenen Paradies, nach einem unbedrohten Leben: „Damals fing man an, den Namen des Herrn anzurufen“ (Gen 4,26b). Religion entsteht als Instrument der Daseinsvergewisserung, als Betteln um Gnade, als Selbstrechtfertigung vor dem als fern und schweigend erfahrenen Gott. Der Mensch muss jetzt betteln und buhlen um sein Ansehen vor Gott. Denn der gefallene Mensch kann sich der Gnade nicht mehr gewiss sein. Das Leben ist gnadenlos geworden. Religion entsteht so als Folge und Ausdruck eines gestörten, ja, eines im wesentlichen zerbrochenen Gottesverhältnisses. Die Opfer Kains und Abels stehen für den Wunsch nach Wiederherstellung der zerstörten Gemeinschaft mit Gott. Doch Religion und all die vielen selbsternannten religiösen und politischen Glücksbringer vermögen die Tür zu Gott und zum Himmelreich nicht zu öffnen. Und damit bleibt auch unser Verhältnis zur Wirklichkeit gestört. Denn auch wenn wir anerkennen, dass wir geschaffen sind, so ist an unserem Geschaffensein das Wohlwollen Gottes, seine Huld und Zuwendung zu uns nicht ablesbar. Die Natur wird zur feindlichen Übermacht.

An dieser biblischen Erzählung wird besonders deutlich, dass mit der Gewissheit von Gottes Wohlwollen dem Menschen in seinem Abfall von Gott auch das rechte *Verständnis* Gottes abhandengekommen ist. Dieses ist von der Sünde verdorben wie das Gottesverhältnis des Menschen selbst. Gottes Handeln wird rätselhaft und unerklärlich. Gott „schaut“ auf das Opfer Abels, doch für das Opfer Kains hat er keinen Blick. Kain hält Gott für ungerecht, da er seinen Segen offenbar so ungleich verteilt hat. Kain hat scheinbar kein Ansehen bei Gott. Er hält sich selbst im Gegensatz zu seinem Bruder für von Gott nicht angenommen. Die beiden Brüder erscheinen wie Konkurrenten vor Gott. Nur einer ist Sieger.

Heute zeigt sich dieses Denken Kains in solchen Fragen: Warum lässt Gott so viel Böses und so viel Leid zu? Warum trifft dieses Unglück gerade mich? Womit habe ich es verdient? Ist Gott nicht ungerecht?

Nach Genesis 4,6f. macht Gott den vergeblichen Versuch, dieses falsche Gottesverständnis zu korrigieren. Er weist Kain zunächst darauf hin, dass dessen Eindruck falsch ist, dass Kain keinen Grund hat, Gott für ungerecht zu halten: „Warum überläuft es dich heiß, und warum senkt sich dein Blick?" Sodann versucht der Herr, ihm verständlich zu machen, dass der Grund für Kains *Empörung* in diesem selbst liegt: „Ist es nicht so: Wenn du gut handelst, darfst du aufblicken; wenn du nicht gut handelst, lauert an der Tür die Sünde. Sie hat Verlangen nach dir, doch du sollst über sie herrschen." Die Erfolglosigkeit dieser Gottesrede aber hat ihren Grund wohl darin, dass sie selbst doppeldeutig ist. Der Jahwist stellt in dieser Rede zwar richtigerweise klar, dass der Grund für Kains *Wut* in diesem selbst liegt. Aber Kain versteht aufgrund seines Vorverständnisses die Rede so, als läge der Grund für seine Zurücksetzung durch Gott *in ihm selbst als Person*. Dass mit ihm selbst – im Gegensatz zu seinem Bruder – vor Gott etwas nicht stimmt, muss er denken. Nicht die eigene Reaktion wird von Kain als unberechtigt verstanden, sondern er selbst hält sich für unberechtigt vor Gott und deshalb für zurückgesetzt.

Es ist in der Tat nicht möglich, Gottes Wohlwollen eindeutig zu erkennen, sein Vorhandensein oder seine Abwesenheit an irdischen Gegebenheiten abzulesen. Es ist auch nicht möglich, sich der Huld Gottes gewissermaßen wie auf Knopfdruck hin zu vergewissern. Aber genau das meint Kain zu können. Und so wird Gott ihm zu einer rätselhaften Sphinx: Warum segnet er Abel und lässt mich leer ausgehen? Warum findet mein Opfer keine Anerkennung? Warum reicht meine Leistung nicht aus, um den Segen Gottes zu erlangen? Warum also geht Kains Religiosität ins Leere?

Gott weist Kain in Genesis 4,7 auf dessen eigene sittliche Verantwortung für sein Tun hin. Kain kann *Gott* nicht dafür verantwortlich machen. Er trägt die Verantwortung für sein Handeln selbst. So wenig wie Adam die Verantwortung für seine Sünde auf Eva abwälzen und diese dann die Schlange dafür haftbar machen durfte, so wenig kann auch Kain Gott verantwortlich machen für sein Tun. Kain muss selbst Herr dessen werden, was ihn beherrscht, seinen Blick einengt und ihn zum Bösen treibt und vor seiner Haustür – wie ein Dämon? – lagert.

Der Mensch findet sich in einer Welt vor, die bereits unter dem Vorzeichen des Bösen steht. Der Mensch ist aber aufgefordert, dieser Vorgabe des Bösen Herr zu werden und sich nicht von ihr versklaven zu lassen, indem er sie als solche erkennt und durchschaut. Er *muss* nicht sündigen! Auch Kains *Denken* Gott gegenüber, sein Vor-verständnis von Gott, ist von der ererbten Sünde infiziert und verführt ihn zur Sünde. Er vermeint, von seiner unmittelbaren Erfahrung, die er mit sich und seinem Bruder macht, auf Gott schließen zu können und sodann wieder von dem so vorgestellten Gott auf sich selbst. Er kommt zu der Ansicht, Gott liebe seinen Bruder, er selbst aber sei zurückgesetzt. Er muss denken, dass Gott willkürlich handelt (vgl. dazu z. B. Exodus 33,19b).

Die Karikatur, die er sich von Gott macht, hat ihren Grund im Sündenfall des Menschen und in dessen Vorverständnis. Mit diesem meint er, schon immer zu wissen, wie Gott zu sein, wie er die Menschen anzuschauen habe und was zu tun sei, um gut und recht vor Gott zu stehen. Es ist das religiöse Vorverständnis von Gott, das schließlich im Neuen Testament zur Ablehnung Jesu durch viele seiner Mitmenschen und die religiöse Elite führte; denn er teilte dieses ihr Vorverständnis nicht, sondern kritisierte es. Dieses falsche Vorverständnis brachte schon Kain zu der irrigen und verhängnisvollen Auffassung, Gottes Gnade müsse ihr Maß am Menschen haben, der Mensch habe Anspruch auf sie und sie sei an menschlichem Erfolg und Wohlergehen abzulesen. Anstatt nun die diesem Vorverständnis widersprechende Erfahrung zur Korrektur seines Gottesverständnisses zu nutzen und sich mit seinem Bruder über dessen Glück zu freuen, wird er zornig auf den scheinbar ungerechten Gott. Dieser passt nicht in sein Bild von Gott, und er bringt in seinem Zorn gegen Gott seinen Bruder Abel um.

„Erbsünde" – ererbte Entfremdung von Gott

In dieser biblischen Erzählung, die aufs engste mit dem Sündenfall verbunden ist, werden das Verhältnis zwischen Gott und Mensch und das zwischen Mensch und Mitmensch ebenfalls in ihrer schicksalhaften Verwobenheit miteinander gezeichnet. Die zerbrochene Gemeinschaft mit Gott macht die Menschen auch untereinander unfähig zur Gemeinschaft. Das unheile Gottesverhältnis macht die Menschen zu Rivalen. Die Andersheit Gottes in den Augen der Menschen nach dem Fall, seine Fremdheit nach der Vertreibung aus der paradiesischen Gemeinschaft, lässt auch den anderen Menschen anders erscheinen: als Bedrohung, als Konkurrenten, als irgendwie „ganz Anderen", der in seiner Andersheit stört. Als Bedrohter, als Geängstigter, als scheinbar von Gott (manche sagen: vom Schicksal) Zurückgesetzter wird ein Mensch zum Mörder.

Entscheidend aber für unseren Zusammenhang ist die Einsicht, dass alles dies dort in Erscheinung tritt, wo der Mensch sich seines Rechtseins vor Gott vergewissern will. Dort, wo der Mensch seine Religion vor Gott vollzieht, kommt es zum Verhängnis und zeigen sich die Missverständnisse. Kain muss denken, dass seine Religiosität „falsch" ist, die seines Bruders aber „recht". Mit dem Sündenfall ist Gott dem Menschen vermeintlich ferngerückt. Diese Erfahrung der Gottferne überträgt sich auf alle späteren Generationen. Gott ist den Menschen zum Rätsel geworden. Seine Gnade ist ungewiss. Der Glaube an Gottes Gnade ist uns nicht angeboren. Angeboren ist uns nur unsere nackte und dem Tod geweihte Existenz, die uns voll Angst um uns selbst sein lässt. „Erbsünde" nennen wir diesen Zustand, mit dem wir auf die Welt kommen und von Anfang an in Böses verstrickt sind. Es handelt sich dabei nicht um eine persönliche Schuld, die wir bereits auf uns geladen hätten, sondern um ein durch die Ur-Sünde zerbrochenes Gottesverhältnis, das wir erfahren. Außerhalb der Gemeinschaft mit Gott erfahren wir nur das von Gott Verschiedene, nämlich unsere scheinbar gottverlassene Existenz.

Wie aber stehen wir richtig vor Gott? Wie erlangen wir Gottes Wohlwollen? Wie kann unser Beten ihn erreichen? Auf welchem Weg können wir Gott wiederfinden? Es sind die Fragen, die die Menschen offenbar schon bewegten, *bevor* man „begann, den Namen des Herrn anzurufen". Es sind Fragen, die im Lauf der Geschichte ihre Antworten hervorgebracht haben: die Religionen.

Die Religionen als Konkurrenten um die Wahrheit

Die Bibel selbst erklärt die Religion in unserer Erzählung ätiologisch als Folge des Sündenfalles. Die Geschichte vom Brudermord liest sich auch wie eine Antwort auf die Frage: Warum zeigen Religionen so oft das Gegenteil von dem, was sie wollen und verheißen? Warum können religiöse Menschen gewalttätig, fanatisch, mörderisch sein? Warum empfindet die eine Religion den Wahrheitsanspruch der anderen als Bedrohung? Warum kann sie sich nicht mit deren Anhängern darüber freuen, wenn auch sie sich in Gottes Ansehen wissen? Warum muss die eine Religion die andere hinwegwünschen? Ist es der insgeheime Verdacht, selbst „falsch" vor Gott zu stehen, wenn die anderen recht haben sollten?

Unsere Erzählung sagt uns in ihrer Verbindung mit Genesis 3: Religionen sind – wie alles, was Menschen hervorgebracht haben – selbst von der Sünde infiziert. An ihnen wird es sogar besonders deutlich erkennbar. So schreibt der evangelische Theologe *Gerhard Ebeling* im Hinblick auf das Christentum:

> Die Kirchengeschichte und die von ihr bestimmte allgemeine Geschichte stellen unbestreitbar, aufs Ganze gesehen, keine strahlende Geschichte der Freiheit dar, *obschon hier die Anzeichen von Unfreiheit besonders auffallen* und z. T. überhaupt erst als solche empfunden werden dank einer trotz allem die Kirchengeschichte durchziehenden Leuchtspur der Freiheit.[9]

Diese von Ebeling konstatierte besondere Auffälligkeit spricht von einem Kontrast, der die Religion selbst durchzieht. Wir sind es gewohnt, von einer Diskrepanz zwischen Anspruch und Wirklichkeit zu sprechen. Ebeling aber spricht von einer sich „trotz allem durchziehenden Leuchtspur der Freiheit“, zu der das andere sich wie ein Gegensatz dazu abhebt. Es dürften wohl Abel und Kain sein, die beide in den Religionen erkennbar sind. Alle beide und der Kontrast zwischen beiden machen den Zustand des religiösen Menschen aus, der den fernen Gott wiederfinden will, da jener die Gottferne, das Eingeschlossensein in seiner Vergänglichkeit, nicht aushält. Und was er von Gott wiederzufinden meint, ist nicht festzuhalten, sondern entgleitet ihm gerade in seinem Bemühen darum. Auch religiöse Erfahrungen sind flüchtig. Sie lassen sich nicht festhalten und verstetigen. Der religiöse Mensch gerät immer wieder in Unsicherheit darüber, wie er vor Gott stehen mag.

Fragen über Fragen

Wir sollten an dieser Stelle einen Einschnitt machen und die Geschichte von Kain und Abel persönlich weiter bedenken. Vielleicht nehmen wir dazu die Bibel zur Hand. Was sagt diese Geschichte über mich? Über meine Religiosität? Wie schaue ich als Christ oder als Christin auf die Anhänger anderer Religionen? Nehme ich sie wahr als Konkurrenz zur christlichen Wahrheit? Als Bedrohung meiner Glaubensgewissheit? Wir sind alle in dieser Welt auf der Suche nach einer Wahrheit, die unser Leben erhellt und uns eine letzte Geborgenheit verheißt, nach dem Schlüssel also, um dem verschlossenen „Zimmer" zu entfliehen in eine befreiende Weite. Sartre wusste nichts davon. Für ihn war unsere Existenz absurd. Erfahre ich mich selbst manchmal wie in einem geschlossenen System? Mache ich Erfahrungen der Sinnlosigkeit, großer Angst oder der Verzweiflung? Welche Auswege suche ich? Wie versuche ich, von mir aus die erfahrene Gottferne zu überwinden? In welchen Konkurrenzsituationen befinde ich mich? Wie schaue ich auf Mitmenschen, denen es besser geht als mir, die gesünder, erfolgreicher und wohlhabender sind? Wie auf solche, denen es schlechter geht als mir? Kann Religion auch für mich zum Konkurrenzkampf werden? Worin zeigt sich meine Angst um mich selbst? Vor anderen? Vor bedrohlichen Situationen? Gibt es Menschen, die ich wegwünsche? Was erzählt mir Kain über mich? Was Abel?

Die Situation, über die wir bisher nachgedacht haben, ist die Situation der ganzen Menschheit, wo immer sie sich noch nicht erfasst weiß vom Heilswillen Gottes. Dieser Heilswille ist aber an der Welt und an unserer Situation nirgends abzulesen. Er kann uns nur gesagt, mitgeteilt werden.

Deshalb ist auch jede Religion als Ausweg aus dem geschlossenen System der Welt zutiefst ambivalent. Auch die Religion ist von der Sünde gezeichnet und Ausdruck menschlicher Angst um sich selbst. Keine Religion ist deshalb eine reine Abel-Religion. Denn Religion ist auch vom Menschen bestimmt, der ein Sünder ist. Deshalb kann Paulus sagen: „Denn wir wissen, dass das Gesetz geistlich ist; *ich* aber bin fleischlich, verkauft unter die Sünde" (Römerbrief 7,14). In jeder Religion – auch in der christlichen – stecken wohl beide: Abel und Kain, das Lamm und die Schlange, die Sünde und die Gnade.

„Wo aber die Sünde voll geworden ist, ist die Gnade zur Überfülle gekommen!" (Römerbrief 5,20). Mit diesen Worten feiert Paulus gerade im Hinblick auf ein gesetzliches Religionsverständnis, in dem die einen Menschen von Gott angesehen sind und die anderen nicht, das Ansehen, das alle Menschen unabhängig von ihren religiösen und moralischen Leistungen, unabhängig von ihren Opfern, „ohne Gesetz“ (Römerbrief 3,21), bei Gott genießen. Es ist das Ansehen, das der Sohn von Ewigkeit her beim Vater hat und das im christlichen Glauben auch uns gilt.

Im christlichen Glauben stehen wir in einer neuen Lage vor Gott

Für uns Christen hat sich die Situation tatsächlich grundlegend geändert. „Ich bin die Tür“, sagt Jesus im Johannesevangelium. Und er meint keine verschlossene Tür, sondern eine offene. Sie ist kein Notausgang, kein Fluchtweg aus der Welt hinaus.

Jesus identifiziert sich geradezu mit der Tür: Ich *bin* die Tür. Er offenbart sich als Tür. Eine Tür hat zwei Funktionen: das Schließen und das Öffnen. Geschlossene Türen müssen kein Unheil bedeuten. Sie können auch Schutz bieten vor Einbrechern und Gefahren. Aber eine Tür erlaubt es auch, in einen neuen Raum, in eine neue Realität einzutreten und damit eine andere hinter sich zu lassen. Sie kann so auch ein Bild für die Umkehr sein. Ich trete in einen neuen Raum ein, in eine neue Situation, in eine neue Umgebung.

Eine weitere Funktion einer Tür besteht darin, dass ich sie öffne, um jemand eintreten zu lassen, um Besuch zu empfangen, um eine neue Gegenwart zu spüren, um jemand einzulassen zu mir. Die offene Tür ist so auch ein Bild für meine Offenheit, meine Gastfreundschaft, für meine Bereitschaft, jemand aufzunehmen, mich mit ihm auseinanderzusetzen. Auch diese Funktion verändert meine Situation.

Beide Funktionen werden auch im Bildwort Jesu genannt. Einmal sagt er: „Ich bin die Tür zu den Schafen“. Er tritt zu uns ein und teilt unsere Lage. Und ein andermal: „Ich bin die Tür. Wenn einer durch mich eintritt, wird er gerettet werden, und er wird eintreten und hinausgehen und Weide finden.“ Jesus identifiziert sich geradezu mit seinem Tür-Sein. Er tritt ein zu uns und führt uns hinaus aus unserem Eingeschlossensein in uns selbst in die Weite Gottes.

So ist Jesus die Tür, durch die Gott, der Gott, ohne Wen nichts ist, überraschend in unsere Welt eingetreten ist und uns Gemeinschaft mit sich geschenkt hat. Jesus ist die einzig offene Tür für Gott: „Keiner kommt zum Vater außer durch mich" (Johannes 14,6). Noch als wir hinter verschlossenen Türen saßen, hat Gott an uns gedacht und einen Weg gesucht, eine Tür in unsere Welt hinein. Um bei uns zu sein in unserer Ausweglosigkeit, um bei uns zu sein in unserer Hölle, die wir auch ihm bereitet haben, als wir ihn ans Kreuz schlugen. „Hinabgestiegen in das Reich des Todes", so sprechen wir im Glaubensbekenntnis. Gott im Totenreich, Gott in der Hölle. Er hat unsere Situation, die Kain-und-Abel-Situation, selber erfahren und ausgelitten bis zum bitteren Ende.

„Einbruch des Menschlichen in die Barbarei des Seins"

Die Tür, durch die Gott in unser Leben eingetreten ist, ist ein Mensch. Gott selbst also begegnet in Jesus als Mensch. Er kommt nicht als Gott oder so, wie wir uns von uns aus Gott vorstellen möchten. Er kommt vielmehr mit einem menschlichen Antlitz. Von Gottes Kommen zu sprechen, heißt also, von seiner Menschlichkeit zu erzählen, von einer Menschlichkeit, zu der wir von uns aus gar nicht fähig sind. Im Gegenteil: Unsere Geschichte und unsere Gegenwart sind voll von Unmenschlichkeit. Der Mensch erweist sich immer wieder als Unmensch. Seine abgrundtiefe Angst um sich selbst hindert ihn daran, wahrhaft menschlich zu sein, ein Mitmensch zu werden, im anderen den Bruder oder die Schwester zu sehen.

Mit Jesus aber ist der wahre Mensch geboren. Der litauische Philosoph *Emmanuel Lévinas*, ein Jude, bringt in einem anderen Zusammenhang die Hoffnung auf einen „Einbruch des Menschlichen in die Barbarei des Seins" zum Ausdruck.[10] Damit formuliert er genau das, was wir Christen glauben und an Weihnachten auch feiern. Das wahrhaft Menschliche bricht in unsere Welt voller Unmenschlichkeit ein. „Menschlich" ist hier nicht in dem banalisierten Sinn des „Menschlich-allzumenschlichen" gemeint, sondern als Gegensatz zum Barbarischen, zum Unmenschlichen. Der wahre Mensch ist nicht mehr der Unmensch, ist nicht mehr der Mensch, der dem Mitmenschen zum Wolf wird. Mit Jesus kommt der wahre Mensch.

Doch wann ist der Mensch wahrhaft Mensch? Was befreit ihn von seiner Unmenschlichkeit? In Jesus sehen wir den Menschen, der in völliger Vertrautheit mit Gott lebte, den er seinen Vater nannte. Jesus wusste sich in dem Geheimnis Gottes so aufgehoben und eingeborgen, dass er nicht aus Angst um sich selber, um sein Wohlergehen und seine Sicherheit lebte. So konnte er beten:

> Ich preise dich, Vater, Herr des Himmels und der Erde, weil du all dies Weisen und Klugen verborgen, es aber Unmündigen offenbart hast. Ja, Vater: So war es Wohlgefallen vor dir. Alles ist mir von meinem Vater übergeben worden; und keiner kennt den Sohn außer der Vater, noch kennt einer den Vater, außer der Sohn und wem es der Sohn offenbaren will. (Matthäus 11,25–27)

Diesen Herrn des Himmels und der Erde, ohne Wen nichts ist und der in allem mächtig ist, hat Jesus uns als unseren „Vater" offenbart. Es war vorher verborgen und bleibt auch denen verborgen, die sich für weise und klug halten und deshalb meinen, ihr Heil selbst vollbringen zu können. Und es wurde denen offenbar, die sich von Jesus ansprechen ließen. So ist es auch heute.

Jesus wurde nicht aus lauter Angst und Sorge um das eigene Schicksal und um die Selbstsicherung zu unmenschlichem Handeln getrieben. Denn er gründete in Gott. Deshalb konnte er Unrecht, das ihm angetan wurde, mit Liebe und Vergebung beantworten. In der Gewissheit, von Gott, seinem Vater, unendlich geliebt zu sein, war er nicht mehr darauf angewiesen, sich selbst zu lieben und sich das Leben auf Kosten anderer Menschen zu sichern. Sein Handeln war nicht herrschaftsförmig, sondern „im Herzen demütig“ (Matthäus 11,29). Er nahm seine Mitmenschen nicht als Rivalen und Konkurrenten wahr, die ihm das Leben neideten. Er konnte selbst die Bosheit anderer in der Gewissheit und Hoffnung ertragen, dass Unrecht, Vernichtung und Tod nicht das letzte Wort behalten. Jesus brauchte deshalb dem Bösen nicht mit neuem Bösen zu begegnen, dem Feind nicht mehr mit Feindseligkeit zu antworten, dem Vernichtungswillen anderer nicht mit Rache zu drohen. Gleichwohl deckte er mit seiner Menschlichkeit die Bosheit anderer auf und stellte damit deren Unmenschlichkeit und Barbarei bloß. Er sprach mit seiner Menschlichkeit die Menschen auf ihre Fähigkeit an, Menschliches und Unmenschliches, Gut und Böse, Wahr und Unwahr zu unterscheiden.

Damit soll nicht gesagt sein, dass Jesus ohne Angst war und dass der wahrhaft Glaubende keine Angst mehr erfährt. Auch Jesus hat am Ölberg Angst durchlitten. Der Glaube befreit nicht von der Angst, aber von der *Macht* der Angst um sich selbst. Der Glaube Jesu war stärker als die Angst und machte ihn bereit, Angst zu ertragen, ohne unmenschlich zu werden.

Solche Menschlichkeit ist offenbar nur einem Menschen möglich, der sich ganz und gar in der Liebe Gottes geborgen weiß. Außerhalb dieser Geborgenheit bleibt der Mensch der Macht seiner Angst um sich selbst ausgeliefert, die ihn in gewissen bedrohlichen Situationen zur Unmenschlichkeit treibt. Die untrennbare Verbundenheit Jesu mit Gott war es, die seine Menschlichkeit möglich machte, eine Menschlichkeit, die sich auch in den bedrohlichsten Situationen durchhielt und in der die Angst nicht die Oberhand bekam.

So ist Gott als wahrer Mensch gekommen und in unserer Geschichte erschienen. In Jesus hat er einen menschlichen Zugang zu uns gesucht. Diese Menschlichkeit ist die „Herrlichkeit des Einziggeborenen vom Vater“, die wir „gesehen“ haben und die „voll Gnade und Wahrheit“ (Johannes 1,14) ist. Gott kann nicht irgendwie bei den Menschen sein. Dass Gott bei uns ist, kann man an der Welt auch nirgends ablesen. Gottes Liebe ist nicht etwas Selbstverständliches. Wäre Gottes Sohn nicht ein Mensch geworden, bliebe unsere Gemeinschaft mit Gott für alle Zeit verborgen (vgl. Römerbrief 16,25–26) und wir unentrinnbar gefangen in unserer Endlichkeit. In der Menschwerdung des Sohnes aber kommt an den Tag, dass der unbegreifliche Gott nur als Mensch bei uns Menschen sein kann und uns nur so Gemeinschaft mit sich schenkt. Er wollte als Mensch, als wahrer Mensch zu uns kommen. Er wollte uns nicht eine allgemeine religiöse Wahrheit bringen, religiöse Erfahrungen der Wirklichkeit ermöglichen oder eine quasisakrale Dimension der Welt erschließen. Leider wird allzu oft in unserer pastoralen Praxis unser Glaube mit solcher allgemeinen Religiosität verwechselt. Wohl aber wollte Gott uns ein neues Verhältnis zur Wirklichkeit ermöglichen, dass wir sie als seine gute Gabe erkennen, sozusagen als „geschaffene Gnade“[11].

Als Christen brauchen wir nicht mehr über die Wirklichkeit und ihren Sinn zu rätseln und zu versuchen, Gott in ihr oder in bestimmten Erfahrungen zu entdecken. Gott ermöglicht uns im Glauben an sein Wort vielmehr, die ganze Welt als von Gott geliebte Welt zu begreifen. Dazu muss man nicht erst besondere Erfahrungen machen. Denn Gott hat unser Menschsein angenommen. Er begegnet uns nicht in allgemeiner religiöser Erfahrung, sondern als Mitmensch mit einem Namen: Jesus. Gott wollte uns Menschen von Angesicht zu Angesicht begegnen, uns in die Augen schauen und uns so ermöglichen, unser unwahrhaftiges Menschsein, die eigene Unmenschlichkeit zu erkennen. Er will im Glauben an Jesus alle Menschen zu ihrer wahren Menschlichkeit führen, indem er uns die Gewissheit schenkt, in der ewigen Liebe des Vaters zum Sohn geborgen zu sein. Das ist der Wille Gottes, um dessen Geschehen wir im Vaterunser bitten.

Das aber geschieht in zwischenmenschlicher Kommunikation, dort nämlich, wo sich Menschen auf Augenhöhe begegnen. Wo Christen die Botschaft Jesu in zwischenmenschlicher Kommunikation weitergeben, andere im Glauben an Gottes Liebe inmitten vielleicht hoffnungsloser Situationen bestärken, da ereignet sich wirklich Gemeinschaft mit Gott. Da kommt Gott zum Menschen. Und das als Mensch.

Im Glauben an die Botschaft Jesu treten wir ein in das Geheimnis Gottes

Aber Jesus ist nicht nur die Tür Gottes in die Welt hinein, also „die Tür zu den Schafen", sondern auch die Tür, durch die *wir* in die Wirklichkeit Gottes eintreten. Er ist der Ausweg aus unserer gottverlassenen Situation, ohne dass wir deshalb aus der Welt flüchten müssten. Denn wo Jesus ist, da ist Gott. Das Verhältnis Jesu zu Gott wird im Neuen Testament als Verhältnis des Sohnes zum Vater gesehen. In dieses Verhältnis, in dem Jesus Gott als „Vater" anredet, nimmt er auch seine Mitmenschen mit hinein. So fordert Jesus seine Jünger auf, im Gebet Gott ebenfalls als ihren Vater anzureden (vgl. Matthäus 6,9). Er schenkt ihnen Anteil an seinem Sohnesverhältnis (vgl. Matthäus 11,26–27). Offenbar können wir es nur in diesem Sohnesverhältnis Jesu wagen, den unbegreiflichen Gott ebenfalls als unseren Vater anzurufen. Schon die Jünger baten Jesus: „Herr, lehre uns beten!" (Lukas 11,1). Es war offenbar ihre Sehnsucht, auf Gott vertrauen zu können, wie Jesus es konnte. Und Jesus schenkte ihnen das Vaterunser und gab ihnen so Anteil an seinem Sohnesverhältnis zu Gott.[12]

Unser Gottesverhältnis bauen wir also nicht selber auf. In der Erzählung von Kain und Abel sind wir ja dem vergeblichen Versuch begegnet, ein Verhältnis zum verborgenen Gott aufzubauen. Unser Gottesverhältnis besteht aber darin, dass wir Jesu Wort vernehmen und so Anteil bekommen an Jesu Gottesverhältnis. Und Gottes Verhältnis zu uns ist dasselbe Verhältnis, das Gott zu seinem Sohn hat. Nur so ist Gottes Liebe zu uns wahrhaft Gott selbst, wahrhaft göttlich, nämlich der Heilige Geist. Gott schenkt uns nicht ein weiteres Stück Welt, d. h. eine Liebe, die nicht er selbst wäre und die deshalb auch nicht unsere Rettung sein könnte. Somit wissen wir als Christen uns hineingenommen in ein Verhältnis Gottes zu Gott, nämlich des Vaters zum Sohn. In dieses innergöttliche Verhältnis wissen wir uns als Christen von vornherein hineingenommen. Der Sinn der Dreifaltigkeitslehre besteht darin, verständlich zu erläutern, was Gemeinschaft mit Gott bedeutet.

Dieses Gottesverhältnis Jesu lässt sich selbst noch genauer beschreiben. Es ist nicht ein Etwas, sondern ein Jemand. Paulus schreibt an die Galater: „Weil ihr aber Söhne seid, sandte Gott den Geist seines Sohnes in unsere Herzen, der ruft: Abba, Vater" (Galaterbrief 4,6). Nur in diesem Geist ist es offenbar möglich, Gott als Vater anzurufen. Es ist derselbe Geist, in dem Jesus selbst „Vater" sagt und sich als „Sohn" versteht. Dieser Geist ist sein Verhältnis, seine Beziehung zum Vater, in das er auch uns hineingenommen hat. Das besondere Gottesverhältnis Jesu ist also nicht eine abstrakte Beziehung, sondern ein lebendiger Geist, eben Gottes Geist. Er ist nicht ein Etwas, sondern ein Jemand. Der Heilige Geist ist der personale „Raum" zwischen Vater und Sohn, der auch uns offensteht und Gott selber ist. Durch Jesus treten wir wie durch eine Tür in diesen göttlichen Raum ein. Es ist ein Raum der gegenseitigen göttlichen Liebe und Zugewandtheit der Personen in Gott. Die Liebe, mit der Jesus sich von Gott unbedingt geliebt und auch über dem Abgrund der Angst und des Todes gehalten wusste, ist der Heilige Geist. Er ist der unverbrüchliche Bund von Vater und Sohn in Gott. Er ist das WIR von ICH und DU, von Vater und Sohn. Im Glauben lassen wir uns gesagt sein, dass auch wir in dieses WIR, in diesen für uns neuen und ewigen göttlichen Bund als neuen Lebensraum hineingenommen sind.

Vater, Sohn, Heiliger Geist. Wir sprechen diese Worte immer wieder, wenn wir das Kreuzzeichen machen. In den Namen des Vaters und des Sohnes und des Heiligen Geistes wurden wir getauft. Diese Worte sind uns geläufig. Aber haben wir wirklich schon darüber nachgedacht, was sie eigentlich bedeuten? Ich habe oft den Eindruck, dass das in unserer Kirche viel zu wenig geschieht. Dabei geht es hier um das eigentlich Christliche an unserem Glauben. Die neutestamentliche Botschaft bringt ein neues Gottesverständnis mit. Erst in diesem neuen Gottesverständnis wird es möglich, in wirklich verständlicher und erlösender Weise von der Liebe Gottes zu sprechen. Gottes Liebe hat ihr Maß nicht an uns, sondern an seinem Sohn. Er liebt uns nicht mit der Liebe, die wir „verdienen" könnten, sondern mit der Liebe, die sein Sohn „verdient", d. h. dem Sohn deshalb zukommt, weil er von Ewigkeit her der Sohn ist. Wir sind hineingenommen in eine Liebe, wie sie größer gar nicht mehr gedacht werden kann. Denn sie ist als der Heilige Geist Gott selbst.

Gott, der für unsere Erfahrung so unzugänglich und fern ist, dass er ferner gar nicht gedacht werden kann, ist uns in der Menschwerdung des Sohnes so nahegekommen, wie er näher nicht gedacht werden kann.

Das Bildwort von der Tür ist ein hoffnungsvolles Bild. Für den Glaubenden hat sich die Situation grundlegend geändert. Er weiß, dass er nicht in einem geschlossenen System sitzt, in einem Gefängnis, aus dem es kein Entkommen gibt. Die Apostelgeschichte schildert die Befreiung des Apostels Paulus und dessen Mitstreiters Silas' aus dem Gefängnis (16,22–34): Die Erde bebt, die Türen springen auf, die Gefangenschaft weicht der Befreiung. Dies ist nicht nur der Bericht über ein Erdbeben, das die Türen öffnet, sondern hat eine tiefe Bedeutung: Worin bin ich gefangen? Angst, Süchte, Verstrickung in Schuld? Wie komme ich da heraus?

Glaubende Menschen können sogar im Blick auf diese offene Tür zu Gott auch schwierige, auch menschlich hoffnungslose Situationen aushalten. Sie können der Wirklichkeit standhalten, ohne zu flüchten, ohne den Nächsten oder den Fernsten oder Fremden hinwegzuwünschen, weil sie sich bereits im Raum Gottes wissen. In jeder guten Erfahrung und gelungenen Begegnung können sie ein Bild und Gleichnis für unsere Gemeinschaft mit Gott sehen. Und die schlechten, die niederschmetternden Erfahrungen sind für den Glaubenden im Blick auf das Kreuz Jesu kein Einwand mehr gegen die Gemeinschaft mit Gott. Auch der Tod hat durch Christus seine Macht verloren. Die ganze Wirklichkeit in ihrer Vergänglichkeit und in ihrer Ambivalenz wird nun durch Christus erschlossen.

Christen sind offene Türen

Aber es ist noch mehr geschehen: Jeder, der sich Christ oder Christin nennt, kann selbst zur offenen Tür werden, kann einladen, einzutreten in die Gemeinschaft mit Gott und so selbst zum Durchgang der Menschlichkeit Gottes werden, kann den Weg weisen zu dieser Tür, durch die wir eintreten in die Wirklichkeit Gottes.

Die Kirche als ganze, die einzelnen Gemeinden und Gemeinschaften und unsere Klöster erfüllen ihre Berufung, wenn sie selbst offene Türen sind, die den Menschen unserer Gesellschaft erschließen, dass wir nicht gottverlassen unserem eigenen Schicksal ausgeliefert sind. So öffnen sie den Menschen den Raum Gottes.

„Was hat sich denn nun durch Christus so grundlegend geändert?", werden wir vielleicht fragen. Äußerlich anscheinend nichts und doch alles. Denn Ostern wendet sich das Blatt. Dem Auferstandenen sieht man an, dass er durch die Hölle gegangen ist. Er bleibt verwundet. Aber dadurch ist die Hölle, ist das Totenreich jetzt in Gott. Und damit ist es schon kein Totenreich mehr, sondern der Anfang des Himmels.

Wer sich dem Wort Jesu öffnet, wird selbst zur Tür, durch die Gott eintritt in den Raum unseres Lebens, in unsere Freude und in unser Leiden, in unseren Alltag und in unsere Beziehungen. Um alles das zu heilen und zu verwandeln, was uns das Leben zur Hölle macht. Und wir treten selbst ein in den Lebensraum des Heiligen Geistes. Er schenkt uns so ein neues Verhältnis auch zu uns selbst, zur Mitwelt und zur Umwelt.

Wer bin *ich*? Können wir nun fragen. Wenn ich durch die Tür gehe, die Jesus ist, kann ich selbst zur offenen Tür werden, kann mich auftun für die Mitmenschen und den Weg zeigen zu dem, der die Tür zu Gott und zum Leben ist. Wir Christen sind gerufen, an diesem Türsein Jesu teilzuhaben.

Ich bin der gute Hirt

Johannes 10,11-18

Ich bin der gute Hirt. Der gute Hirt setzt sein Leben für die Schafe ein. Der Mietling und der nicht Hirt ist, dem die Schafe nicht zu eigen sind, sieht den Wolf kommen und verlässt die Schafe und flieht – und der Wolf raubt sie und jagt sie auseinander – weil er Mietling ist und ihm an den Schafen nichts liegt. *Ich* bin der gute Hirt und kenne meine Schafe und die Meinen kennen mich, wie mich der Vater kennt und ich den Vater kenne; und ich setze mein Leben für die Schafe ein. Auch andere Schafe habe ich, die nicht von diesem Hof sind. Auch sie muss ich führen, und sie werden auf meine Stimme hören. Und sie werden *eine* Herde werden, *ein* Hirt. Deshalb liebt mich der Vater, weil *ich* mein Leben einsetze, auf dass ich es wiederum empfange. Keiner nimmt es von mir, sondern ich setze es von mir aus ein. Ich habe Vollmacht, es einzusetzen, und Vollmacht, es wieder zu empfangen. Diesen Auftrag habe ich von meinem Vater empfangen.

Jesus nimmt ein Beispiel aus seiner Lebenswelt: den Schafhirten. Aber nicht, um sich damit nur zu vergleichen, sondern um damit sein Selbstverständnis auszudrücken.

Die Gesellschaft, in der Jesus lebte, war von Landwirtschaft und Schafzucht geprägt. Große Schafherden belebten die Landschaft. Man musste stets neues Weideland finden. Der Schafhirt hatte die Aufgabe, für das Leben und Überleben seiner Schafe zu sorgen, gute Weideplätze zu suchen, die Herde zusammenzuhalten, sie zu führen und sie vor Wölfen zu schützen. Was lag näher, als sich in dem Miteinander von Hirten und Schafen an die Geschichte Israels zu erinnern, an die lange Wanderung durch die Wüste auf der Suche nach dem Gelobten Land? Gott führt sein

Volk dorthin, wo es Leben gibt. So war bereits in der Bibel Israels, die auch Jesu Bibel war, dieses Bild vorgegeben. Der 23. Psalm entfaltet dieses Bild: „Der Herr ist mein Hirte, nichts wird mir fehlen.“ Gott zeigt den Weg durch unwegsames Gelände, durch die Wechselfälle des Lebens: „Muss ich auch wandern in finsterer Schlucht, ich fürchte kein Unheil, denn du bist bei mir.“ Das ist die Glaubenserfahrung Israels: Gott ist der Jahwe, der „Ich bin, der ich bin“.

Guter Hirt – schlechte Hirten

Auch bei den Propheten spielt Gott als Hirt eine Rolle. Ezechiel setzt Gott als den guten Hirten den schlechten Hirten gegenüber. Gemeint sind nicht die Schafhirten. Mit den „Hirten“ sind die angesprochen, die religiöse und politische Verantwortung für das Volk und dessen Zusammenhalt tragen. Und mit den „Schafen“ ist das Volk Israel gemeint. Der Prophet übt heftige Kritik an den Hirten in seiner Religion, die doch Gottes Hirtensorge für sein Volk sichtbar machen sollen, aber ihrem Auftrag untreu sind:

> So spricht Gott, der Herr: Weh den Hirten Israels, die sich selbst geweidet haben! Müssen die Hirten nicht die Schafe weiden? Das Fett verzehrt ihr, und mit der Wolle kleidet ihr euch. Das Mastvieh schlachtet ihr, die Schafe aber weidet ihr nicht. Die Schwachen habt ihr nicht gestärkt, das Kranke habt ihr nicht geheilt, das Verletzte habt ihr nicht verbunden, das Vertriebene habt ihr nicht zurückgeholt, das Verlorene habt ihr nicht gesucht; mit Härte habt ihr sie niedergetreten und mit Gewalt. Und weil kein Hirt da war, zerstreuten sie sich und sie wurden zum Fraß für alles Getier des Feldes. (Ezechiel 34,2–5)

Ezechiel schildert ein seelsorgliches Desaster, einen Zusammenbruch der Pastoral. Es ist vermutlich nicht schwer, hier manche Ähnlichkeit mit dem Zustand unserer heutigen Kirche in Deutschland zu entdecken. Welche Orientierung geben uns unsere Bischöfe in der großen Unübersichtlichkeit der Meinungen, der Lebenskonzepte und der Ideologien, die uns irreführen? Überlassen sie uns dem Zeitgeist? Welche geistliche Führung geben sie uns, die uns im Glauben stärkt und in die Nachfolge Jesu einweist, wenn sie beschämende Missbrauchstaten von Priestern schuldhaft vertuschen und somit weiteren Frevel möglich machen? Wie viele Menschen sind doch in jüngster Zeit an der Kirche irre geworden! Und so ergreift Gott bei Ezechiel selbst die Initiative:

> Denn so spricht Gott der Herr: Siehe, ich selbst bin es (!), ich will nach meinen Schafen fragen und mich um sie kümmern. Wie ein Hirt sich um seine Herde kümmert an dem Tag, an dem er inmitten seiner Schafe ist, die sich verirrt haben, so werde ich mich um meine Schafe kümmern und ich werde sie retten aus all den Orten, wohin sie sich am Tag des Gewölks und des Wolkendunkels zerstreut haben. (Ezechiel 34,11–12)

Es ist genau diese Verheißung, die sich in Jesus erfüllt und durch ihn wirklich verständlich wird. „Ich bin der gute Hirt." Er also ist der Jahwe, der „Ich bin, der ich bin", der seine Schafe sammelt und führt, verbindet und nährt, ihnen Orientierung gibt und den Weg zeigt. Jesus nimmt das Bild aus Ezechiel wieder auf:

> Als er die Volksmenge sah, hatte er Mitleid mit ihnen; denn sie waren geplagt und hingeworfen wie Schafe, die keinen Hirten haben. (Matthäus 9,36)

„Nur wer orientiert ist, kann Orientierung geben", hat Papst *Benedikt XVI.* gesagt. Selbst *Gregor Gysi*, ein Politiker, der sich persönlich als Atheist bekennt, sagte kürzlich in einer TV-Talkshow: „Mir graut vor einer gottlosen Gesellschaft." Die Menschen hätten keine Orientierung mehr. Er sagte, nur die Kirchen könnten solche Orientierung geben. Was heißt es, sich orientieren zu lassen? Heute, wo viele Menschen allen möglichen Glücksversprechungen hinterherlaufen aus lauter Angst, zu wenig vom Leben abzukriegen, zu wenig anerkannt zu sein und die so immer wieder in eine Falle laufen, in der der „Wolf" sie leicht reißen kann.

Im tiefsten geht es um die Bestimmung des Menschen, die er sich nicht selbst geben kann: die Bestimmung, ein Kind Gottes zu sein, mit Gott eine Gemeinschaft zu haben, die Leben und Sterben überdauert. Wer stärkt bei uns diese Identität? Wohl nur in Gemeinschaft mit Gott kann der Mensch auch echte Freude an der Welt, an den schönen Dingen des Lebens haben und muss sie nicht um jeden Preis festhalten und nicht verzweifeln, wenn sie ihm genommen werden. Der Weg, den Jesus als Hirt weist, ist so der Königsweg: Man muss die Welt nicht mehr vergöttern und muss auch nicht mehr an ihr verzweifeln.

Jesus gründet in Gott

Jesus zeigt in Vers 17, dass seine Beziehung zu den Schafen in seinem Verhältnis zum Vater verankert ist: „Deshalb liebt mich der Vater." Jesus ist in Gott gegründet. Er weiß sich beim Vater geborgen und muss nicht aus Angst um sich selbst leben, aus Angst fliehen und die Schafe im Stich lassen.

Indem Jesus sich als der gute Hirt präsentiert, will er dem Menschen seine Bestimmung zum Kind-Gottes-Sein vor Augen führen. Dass er wirklich der *gute* Hirt ist, zeigt sich daran, dass er sein Leben für die Schafe gibt. Das sind ihm die Schafe wert. So zeigt er auch, was die Erlösung Gott gekostet hat. Er hat seinen Sohn gegeben. *Dietrich Bonhoeffer* spricht von der „billigen" und von der „teuren Gnade":

> Billige Gnade ist der Todfeind unserer Kirche. Unser Kampf heute geht um die teure Gnade. Billige Gnade heißt Gnade als Schleuderware, verschleuderte Vergebung, verschleuderter Trost, verschleudertes Sakrament. [...] In dieser Kirche findet die Welt billige Bedeckung ihrer Sünden, die sie nicht bereut und von denen frei zu werden sie erst recht nicht wünscht. Billige Gnade ist darum Leugnung des lebendigen Wortes Gottes, Leugnung der Menschwerdung des Wortes Gottes.[13]

Die Gnade Gottes, die immer ein unverdientes Geschenk ist, ist aber deshalb nicht ein Muster ohne Wert, eben billig. Sie war teuer! Sie hat etwas gekostet! Das Teuerste war in Gottes Augen nicht zu teuer, um die Menschen zu ihrer Bestimmung zu führen. Gottes Gnade ist keine billige Gnade. Sie ist teure Gnade und zeigt, wie viel Gott am Menschen liegt:

> Denn so hat Gott die Welt geliebt, dass er den einziggeborenen Sohn gegeben hat, damit jeder, der an ihn glaubt, nicht verloren geht, sondern ewiges Leben hat. (Johannes 3,16)

Indem Jesus sein Leben gibt, offenbart sich, dass Gott selbst solidarisch geworden ist mit den Menschen, die sonst ihrem Schicksal ausgeliefert blieben. Jesus hat das Schicksal aller Menschen geteilt, hat sich auf ihre Seite gestellt und ihren Platz vor Gott eingenommen. „Ihr seid teuer erkauft worden“ (1. Korintherbrief 6,20).

Gott ist nicht neutral

Der Hirt, der sein eigenes Leben anbietet, der alles für seine Schafe riskiert, der sich an die Grenze zwischen Sein und Nichtsein begibt, um die Seinen vor dem Nichts zu bewahren, ist das lebendige Zeichen eines Gottes, der sich gegenüber der Realität nicht neutral verhält, sondern sich auf die Seite der Schwachen stellt. Denn die

Wirklichkeit besteht auch aus Schafen und Wölfen, leider auch in der Kirche. Die Solidarität Gottes mit den Armen, mit den Schwachen, mit denen, die Unrecht leiden, hat ihren Preis gehabt: das Kreuz. Der Hirt hat sein Leben für sie gegeben.

Der Rand der Gesellschaft ist die wahre Mitte der Kirche

Von nun an werden seine Jünger den Gekreuzigten in die Mitte ihres Lebens und ihrer Gemeinschaft stellen. Sie scharen sich um ihn und verkünden seinen Tod in der Feier der Eucharistie. Der Rand der Gesellschaft wird im Gekreuzigten zur Mitte der Kirche. Am Rande der Stadt, wo die Kreuze stehen, wohin die Gesellschaft ihre Opfer abdrängt und entsorgt, da ist die Mitte der Kirche! Eine Kirche aber, die sich um das sammelt, was der Gesellschaft heilig ist (Goldenes Kalb), macht sich zur Freundin der Sieger der Geschichte, die viele Opfer gefordert haben. Sie gleicht dann den schlechten Hirten, die schon der Prophet Ezechiel beklagt hat. Die Kirche kann dann nicht mehr glaubenswürdig Christus verkündigen. Sie muss ihr Zentrum vielmehr im Gekreuzigten und neben diesem in den vielen Kreuzen und Opfern und in den Verlierern des Lebens und der Geschichte entdecken.

Wenn die Kirche das Sakrament des Heils, wenn sie der Leib Christi ist, dann stellt sie Christus auch als Hirten der Menschheit dar. Sie soll Wegweiser zu Gott sein. Und sie weiß um die Verlorenheit der Menschen. Wie kann die Kirche heute, in unserer gesellschaftlichen Situation, Christus als den Hirten der Menschheit vergegenwärtigen?

Vor zwanzig Jahren erschien ein Roman von *Siegfried Lenz*. Er trägt den Titel *Fundbüro*.[14] Hauptfigur ist Henry Neff, ein junger Mann, der sich um eine Stelle als Mitarbeiter im Fundbüro eines großen Hauptbahnhofs bewirbt. Beim Bewerbungsgespräch wird ihm gesagt: „Sie sind jetzt 24, Herr Neff, 24, mein Gott, da müsste man die erste Schiene gelegt haben, auf ein Ziel zusteuern … Und jetzt sind sie bei uns gelandet, auf unserem Abstellgleis …, denn von hier aus beginnt man keine Laufbahn, bei uns gibt es keine Aufstiegsmöglichkeit, irgendwann fühlt man sich ausrangiert."

Diese warnenden Worte des Fundbürochefs beeindrucken den jungen Mann ganz und gar nicht: „Das Aufsteigen überlasse ich gern anderen", erwidert er, „mir genügt's, wenn ich mich wohl fühle bei der Arbeit."

Er bekommt die Stelle.

Staunend schaut er sich in den ersten Tagen im Fundbüro um: Was die Leute so alles verlieren und im Zug liegen lassen! Sogar eine Mönchskutte hängt bei den Fundsachen und wartet auf ihren Besitzer. Aber das Mönchsgewand wird nie abgeholt.

Der Fundbürochef, der den neuen Mitarbeiter einführt, sagt: „Das gibt mir immer wieder zu denken: wie viele sich mit ihren Verlusten abfinden. Viele belagern uns, aber viele finden auch nicht den Weg hierher, geben früh ihre Hoffnung auf."

Ja, und dann merkt Henry Neff – nicht ohne Freude – worauf er sich eingelassen hat. Ins Fundbüro kommen nur Verlierer, Menschen, die hoffen etwas von dem wiederzufinden, was sie verloren haben. Es ist ihm immer wieder eine Freude, sie damit glücklich zu machen. Mit langen Gesichtern kommen sie – mit strahlenden Augen ziehen sie wieder fort. Sie bekommen das zurück, was ihnen schon gehörte, und wissen sich doch als Beschenkte.

Die Kirche als Fundbüro?

Dieser völlig säkulare Roman, der noch viele andere Aspekte des Lebens thematisiert, hat mich zum Nachdenken angeregt. Es geht um das Verlieren und das Finden und somit auch um das Fundbüro, den Ort also, wo das Verlorene aufbewahrt und wiedergegeben wird. Offenbar geht es in diesem Roman um unsere Gesellschaft, in der es Gewinner, in der es aber zunehmend auch Verlierer gibt: Emanzipationsverlierer, Globalisierungsverlierer,

Menschen in Altersarmut, Kinderarmut, entwurzelte Migranten, also Menschen, die von den Segnungen und Verheißungen unserer Zeit fast nichts abbekommen. Oder denken wir an Missbrauchsopfer, oder an Menschen, die ihre Arbeit verlieren, vielleicht gemobbt wurden oder ihren Partner verloren haben und damit ihr Lebensglück. Was geht nicht alles verloren an Würde, an Glauben, an Vertrauen und Hoffnung, an Zukunftsaussichten! Wo ist das Fundbüro, an dem man etwas von dem Verlorenen, von den zerbrochenen Beziehungen, dem zerronnenen Lebenssinn, der verletzten Würde und Identität und dem verglommenen Glauben wiederfinden kann? Und Vergebung findet für schwere Schuld? Wäre das nicht die Rolle der Kirche in unserer Zeit, dafür zu sorgen? Die Kirche als Glaubensgemeinschaft ist es doch, die um das Geheimnis der Liebe und Barmherzigkeit Gottes weiß und die verkündet, wozu der Mensch gemacht und geschaffen ist. Die Kirche – ein Fundbüro?

Es gibt im Neuen Testament viele Bilder für die Kirche: Ackerfeld Gottes, Tempel des Heiligen Geistes, Weinberg, Braut und Leib Christi – warum nicht auch „Fundbüro"? Gottes Fundbüro! Ein Ort, wo die Verlierer des Lebens etwas wiederfinden: an Würde, an Anerkennung, an Gemeinschaft, an Glauben, an Versöhnung, an Gottes Gnade. Ja, vermutlich noch viel mehr als das, was sie meinen verloren zu haben: gar eine Perspektive der Ewigkeit! Ein Ort, wo die vielen Unglückseligen selig werden.

Das Personal im Fundbüro Kirche ist rar geworden. Wer will noch Hirte in der Kirche sein und damit den guten Hirten Jesus Christus vergegenwärtigen? Fast niemand will das mehr machen. Unsere Priesterseminare sind fast leer, der Nachwuchs tendiert gegen Null.

Vielleicht haben wir falsche Prioritäten gesetzt und aus der christlichen Botschaft eine spießige Moral gemacht und den Priester zum Funktionär und Verwalter statt zum Hüter des Geheimnisses Christi. Menschen, die anders sind als die Mehrheit, fühlen sich oft nicht willkommen in unseren Gemeinden. Möglicherweise haben wir diesen Fundbürocharakter der Kirche vergessen und bringen ihn nicht mehr zum Leuchten. Auch haben zahlreiche Priester und Ordensleute durch Kindes- und Machtmissbrauch und auch Bischöfe durch Vertuschung dieser Taten das Vertrauen in den Hirtendienst der Kirche untergraben. Vielleicht haben wir auch längst das Evangelium ersetzt durch eine totalitäre Kirchenideologie, die eher ausgrenzt und fallen lässt und Bedingungen und Hürden aufstellt, anstatt in die Weite und in die Freiheit der Kinder Gottes zu führen. Möglicherweise wünscht die Kirchenleitung auch gar nicht so unbequeme Christen, die sich ihrer Würde bewusst sind und vor keiner Autorität mehr in die Knie gehen. Oder viele von uns sind schon selbst – trotz unseres Christseins oder Priesterseins – so versessen auf Aufstiegsmöglichkeiten und Karriere und Anerkennung, dass wir gar nicht mehr im Fundbüro arbeiten und den Menschen dienen möchten. Denn dort darf man nicht nach oben schauen, sondern den Menschen in die Augen. Oder haben wir vielleicht vergessen, dass wir selbst von Natur aus Verlierer sind und im Fundbüro Kirche doch auch das bekommen haben, was uns selig machen kann?

Auch Klöster können solche Gnadenorte sein und sind es auch für viele Menschen. Geistliche Zentren, in denen das Kostbarste aufbewahrt wird, was wir anderen Menschen geben können. Viele Menschen suchen Klöster gerade deshalb auf, um etwas von dem zu finden, was ihnen verloren gegangen ist: Stille, Ruhe, Sammlung, Vergebung und in all dem Gottes heilende Gegenwart. Klöster sind ganz besonders geeignet als Fundbüros, weil es in ihnen keine lange Karriereleiter gibt. Auf ihre Art verrichten Mönche und Nonnen einen wichtigen Hirtendienst in unserer Zeit.

Um es konkreter zu sagen: In dem Abschnitt vom guten Hirten im Johannesevangelium spielt das Hören eine große Rolle: „Die Schafe werden auf meine Stimme *hören*". Der Glaube kommt ja vom Hören (vgl. Römerbrief 10,17). Niemand hat ihn aus sich, keinem ist er angeboren.

Ich selbst bin seit vielen Jahren sehr schwerhörig. Deshalb trage ich Hörgeräte. Damit werden alle Laute verstärkt. Der Nachteil ist, dass auch alle Nebengeräusche lärmender werden. Wenn man in einer Umgebung ist, z. B. auf der Straße, wo es viele Nebengeräusche gibt oder in einer Gastwirtschaft, da kann man sich kaum mit einem Menschen unterhalten. Die moderne digitale Technik hat auch hier Abhilfe geschaffen. Meine Hörgeräte haben einen eingebauten *„voice-finder"*; d. h. das Gerät kann menschliche Stimmen von anderen Geräuschen unterscheiden. Und wenn es eine menschliche Stimme wahrnimmt, dann dämpft es automatisch die Nebengeräusche und macht sie leiser. Sehr angenehm ist das beim Autofahren wenn ein Beifahrer mich anspricht. Das Motorengeräusch verschwindet dann fast ganz. Ich denke, dass wir solche „voice-finder" in Bezug auf Gottes Wort heute brauchen. Viele Menschen können Gottes Wort gar nicht mehr herausfiltern aus den vielen Worten und Lauten, denen wir ständig ausgesetzt sind. Ein Kloster übt genau diese Funktion aus. Es ist ein „voice-finder". Menschen, die dorthin kommen, am Gottesdienst, am Klosterleben, am Rhythmus des geistlichen Lebens teilnehmen, Vergebung in der Beichte suchen, können hier besser „seine Stimme" hören, weil all die anderen Geräusche und Stimmen – ich meine das nicht nur akustisch – zurückgesetzt und gedämpft werden, so dass man die Stimme Jesu wieder heraushört. „Voice-finder" zu sein, scheint mir eine wichtige Funktion der Klöster und der Kirchengemeinden in unserer Zeit.

Im alten Gotteslob (1975) stand unter der Nummer 623 ein schönes Lied, dessen Text von dem verstorbenen Kirchenliederdichter *Lothar Zenetti* aus Frankfurt am Main stammt. Leider wurde es nicht in das neue Gotteslob (2013) übernommen. Die erste Strophe lautet so:

Worauf sollen wir hören, sag uns, worauf?
So viele Geräusche, welches ist wichtig?
So viele Beweise, welcher ist richtig?
So viele Reden!
Ein Wort ist wahr!

Alles kommt im Letzten darauf an, dass die Kirche ein Ort ist, wo man Jesus begegnet, sein Wort hört und durch ihn Gemeinschaft mit Gott bekommt. Das bedeutet, dass wir nicht uns selbst preisgegeben sind, unserem eigenen Schicksal, das immer und für jeden der Tod ist. Während die ersten Menschen sein wollten wie Gott (vgl. Genesis 3,4–6), will der Sohn Gottes ein Mensch sein und an unserer Vergänglichkeit teilhaben. Er nimmt unser Preisgegebensein an den Tod in seine eigene Wirklichkeit auf und schenkt uns damit eine Perspektive der Ewigkeit.

Der Hirtendienst Jesu schließt niemand aus. Auf einem von 99 Säulenkapitellen im Kirchenschiff der Basilika Ste. Marie Madeleine in

Vezelay im Burgund ist ein Mann dargestellt, der mit einem Strick um den Hals an einem Baum hängt (s. Abbildung auf der vorigen Seite). Es ist der Apostel Judas, der Verräter Jesu, der sich in seiner Verzweiflung über seine Tat das Leben genommen hat und von dem es heißt, „es wäre für ihn recht, wenn er nicht geboren wäre, jener Mensch“ (Matthäus 26,24). Doch auf der anderen Seite des Kapitells ist der Auferstandene dargestellt. Er hat den Strick durchgeschnitten und Judas über seine Schultern gelegt. Er trägt ihn mit sich fort wie ein verlorenes und wiedergefundenes Schaf.[15] Es gibt keine Sünde, die so groß ist, dass Gott sie nicht vergeben könnte. Auch das verlorene Schaf kann wiedergefunden werden.

So spricht Jesus zu den Pharisäern und Schriftgelehrten, die sich darüber aufregten, dass der Herr sich Zöllner und Sünder nahekommen ließ:

> Welcher Mensch von euch, der hundert Schafe hat und von ihnen *eines* verloren hat, lässt nicht die neunundneunzig in der Einöde und geht dem verlorenen nach, bis er es findet? Und wenn er es findet, legt er es auf seine Schultern und freut sich; und wenn er nach Hause kommt, ruft er die Freunde und Nachbarn zusammen und sagt ihnen: Freut euch mit mir mit! Ich habe mein verlorenes Schaf gefunden! Ich sage euch: So

> wird Freude im Himmel sein über *einen* Sünder, der sich sinnesändert, mehr als über neunundneunzig Gerechte, die einer Sinnesänderung nicht bedürfen. (Lukas 15,3)

Es kommt also darauf an, sich vom Herrn finden zulassen. Jeder kann sich im Leben verlaufen, Irrwege gehen und in Sünde fallen und sich von Gott abkehren. Doch der Herr gibt seine Suche nicht auf.

Was zeichnet heute einen guten Hirten aus?

Die Teilnahme am Hirtsein Jesu kann die Identität eines Christen formen. Sie zeigt sich in erster Linie im Selbstverständnis des Bischofs und des Priesters. In amtlicher Weise bringen sie das Hirtesein Christi in ihrem Dienst sakramental zum Ausdruck. Was aber zeichnet heute einen guten Hirten aus? Gute Frage. In der Kirche gibt es viel Desorientierung. Der *Synodale Weg*, der sich aufgemacht hatte, die Kirche in Deutschland nach dem Missbrauchsskandal neu auszurichten, hat nicht nur Zustimmung gefunden. Zahlreiche Gläubige sind gerade nach dem Synodalen Weg verunsichert. Wie soll es weitergehen? Wer schenkt Orientierung, gute Leitung, die den Gläubigen die Richtung weist und die „Schafe" auf gutes Weideland führt?

Jesus hat die Apostel damit beauftragt, seine Schafe zu weiden. Zu Petrus sagt er dreimal „Weide meine Schafe!" (Johannes 21,15–17). Und allen Aposteln gab er die Vollmacht, zu lösen und zu binden (vgl. Matthäus 18,18). Am Osterabend sagte er zu den Jüngern: „Wie mich der Vater gesandt hat, so sende ich euch" (Johannes 20,21). Er trug ihnen auf: „Welchen ihr die Sünden nachlasst, denen sind sie erlassen; denen ihr sie behaltet, denen sind sie behalten" (Johannes 20,23). Ja, wer denn sonst sollte die Botschaft von der Sündenvergebung weitersagen, wenn nicht die Apostel und heute die Kirche? Jesus ließ die Apostel also nicht nur teilhaben an seinem Sohnesverhältnis zu Gott, sondern auch an seiner Sendung vom Vater. Sie sollten die Botschaft von der Sündenvergebung, von der Versöhnung mit Gott, die Jesu ureigene Botschaft war, „an Christi Statt“ nach dessen Himmelfahrt fortsetzen (vgl. 2. Korintherbrief 5,18–20), damit sie zu allen Menschen gelangt. Und unmittelbar vor seiner Erhöhung zum Vater sagte er zu den Elf:

> Geht nun und macht alle Völker zu meinen Jüngern, indem ihr sie tauft in den Namen[16] des Vaters und des Sohnes und des Heiligen Geistes. (Matthäus 28,19)

Die Nachfolger der Apostel in den Gemeinden sind heute die Bischöfe. Deren Hirtenamt, das Apostolische Amt, wurde von den Aposteln an durch Handauflegung und Gebet durch die ganze Kirchengeschichte hindurch von Amtsträger zu Amtsträger übertragen. In der Apostelgeschichte verabschiedet sich Paulus in Milet von den Ältesten *(Presbyter)* der Gemeinde mit den Worten:

> Gebt Acht auf euch und die ganze Herde, in der euch der Heilige Geist als Aufseher eingesetzt hat, die Gemeinde Gottes zu weiden, die er sich durch das eigene Blut erworben hat! (20,28)

Auch die Presbyter, meistens sagen wir „Priester“, nehmen teil an der amtlichen Hirtenaufgabe der Bischöfe, jeder in seiner Gemeinde und in seiner Aufgabe. Ihnen gilt ebenfalls das, was Paulus den Presbytern und Episkopen von Milet einschärft: als Hirten für die Kirche des Herrn zu sorgen. Worin besteht diese Hirtensorge?

Hauptaufgabe der Bischöfe und auch der Priester und Diakone ist es, den Glauben an Christus zu verkünden, das Glaubensgut der Kirche zu wahren, die Lehre der Kirche darzulegen, die Sakramente zu spenden, Kranken, Armen und Heimatlosen zu dienen, die Einheit mit der universalen Kirche und die Gemeinschaft mit dem Papst zu erhalten und den Menschen in ihrer Ortskirche Orientierung zu einem christlichen Leben aus dem Glauben zu schenken in dieser unserer schnelllebigen Zeit. Das gilt auch, wenn viele ihnen nicht folgen wollen. Anbiederung an den Zeitgeist verbietet sich. Auch hier gilt: „Alles prüft, behaltet das Rechte!" (1. Thessalonicherbrief 5,21). Manchen Bischöfen heute scheint es nicht leicht zu fallen, dem vielfachen Druck standzuhalten und alle diese Aufgaben gleichzeitig zu erfüllen.

Hauptaufgabe der Priester ist es, denen, die den Glauben angenommen haben, die Sakramente zu spenden, die Taufe, das Bußsakrament und die Krankensalbung. Und sie sollen die Gläubigen an den einen Tisch der Eucharistie, des Opfers Christi, führen, an den Tisch der Einheit im Glauben und die Gläubigen durch Predigt und Katechese einweisen in die Nachfolge Jesu. Auch hier scheint es jedoch nicht allen Bischöfen und Priestern leicht zu fallen, die Integrität der vorgegebenen Liturgie zu wahren und nicht Herren über die Liturgie zu werden oder das Glaubensgut in seiner ganzen Fülle zu wahren. Auch die Leitung der Gemeinden ist den Priestern (Pfarrern) anvertraut. Leitungsvollmacht wird in der Kirche durch die Priesterweihe verliehen. Zur Leitung gehört auch die Begleitung der Menschen in deren Nöten, in Krankheit, in Trauer und im Sterben, die Ermutigung in schwierigen Lebenssituationen und Hilfe, ihr Leben im Licht des Glaubens zu betrachten. „Sich freuen euch mit den Fröhlichen, weinen mit den Weinenden", so hat Paulus diese Nähe zu den Menschen im Römerbrief (12,15) ausgedrückt. Viele Hirten sind dabei auch angewiesen auf die Mitarbeit durch engagierte ausgebildete Laien, die als Seelsorgerinnen und Seelsorger oft einzelne pastorale Felder in eigene Verantwortung übernehmen. Oft bilden diese zusammen mit den Priestern in vielen Gemeindeverbünden ein pastorales – also hirtenamtliches – Team. Auch diese hauptberuflichen Mitarbeiter nehmen auf ihre Weise und durch ihr Glaubenszeugnis an der Hirtenaufgabe der Kirche teil.

Diese Aufgabe soll den Hirtendienst Jesu fortsetzen und sichtbar machen. Das Nachgehen gehört zu diesem Hirtendienst, ebenso das Vergebungswort in der Beichte und das Stiften von Gemeinschaft, ja von Tischgemeinschaft in der Eucharistiefeier. Alles pastorale Tun hat letztlich das Ziel, Menschen an diesen Tisch zu führen und in die Glaubensgemeinschaft zu integrieren, sie mit dem Wort Gottes und dem Brot der Eucharistie zu einem Wir zu führen.

Die „anderen Schafe"

In seiner Hirtenrede sagt Jesus:

> Auch andere Schafe habe ich, die nicht von diesem Hof sind. Auch sie muss ich führen, und sie werden auf meine Stimme hören. Und sie werden *eine* Herde werden, *ein* Hirt. (Johannes 10,16)

Wer sind diese „anderen Schafe“? Ursprünglich klang damit wohl die Sammlung Israels an. Aber mehr noch weist diese Stelle in die Zukunft. Die Mission der Jünger soll auch die Heidenvölker erreichen und in die Herde Christi einladen. Der Hirtendienst Jesu wird universalisiert. Gott will die ganze Menschheit zu seiner Herde formen und zu einem Wir gestalten. Die zerspaltene und zerstrittene Menschheit ist gemeint. Das Wort Gottes soll Grenzen überwinden. Die Zugehörigkeit zu Gott kann so die Zentriertheit auf Volkszugehörigkeit, auf die eigene Kultur und Nation überwinden und eine Gemeinschaft aus vielen Völkern schaffen, die einen Mittelpunkt haben, der nicht von dieser Welt ist: den einen Hirten.

Hier gibt es auch noch andere Aspekte zu beachten. Die „anderen Schafe“ können auch Menschen sein, die vor Ort gewollt oder ungewollt von den Kirchengemeinden ausgegrenzt werden. Denken wir an das Unrecht, das lange Zeit gegenüber homosexuellen und *queeren* Menschen geherrscht und sie daran gehindert hat, in der Kirche heimisch zu werden. Auch Menschen, die an den Kirchengeboten oder überhaupt an den Lebensanforderungen gescheitert sind oder die sich ausgegrenzt fühlen von einer gutbürgerlichen Kirchengemeinde und nicht in deren Vorstellungen passen, aber dennoch Suchende sind – auch sie sind die „anderen Schafe“, denen der gute Hirt nachgehen möchte und die er einlädt in seine Herde. Kirchengemeinden dürfen sich nicht abschließen in ihrer eigenen Blase, in der nur willkommen ist, wer ähnliche Lebensvorstellungen hat, die gleichen Werte und das gleiche Weltbild teilt. Es genügt, dass man im Glauben und damit im Heiligen Geist übereinstimmt.

Die Krise des Priestertums

Durch den immer größer werdenden Mangel an Priestern sehen sich die Bischöfe gezwungen, die „pastoralen Räume“ immer mehr zu vergrößern. Es entstehen Großpfarreien, die viele Gemeinden umfassen, welche noch vor einigen Jahren alle ihren eigenen Pfarrer hatten. Oft ist ein Priester für ein riesiges Gebiet zuständig. Er kann seine „Schafe“ kaum mehr kennen. In zahlreichen Gemeinden muss immer öfter die heilige Messe auch am Sonntag durch einen Wortgottesdienst ersetzt werden. Diese Situation ist für viele Priester und auch für viele Gläubige unbefriedigend. Manchen Priester führt diese Situation in die Krise. Die pastoralen Mitarbeiter können ihm zwar viel Arbeit abnehmen; doch ein Priester ist letztlich nur durch einen Priester zu ersetzen. Diese Situation führt dazu, dass Priester sich nicht selten mehr als Pfarreimanager und Organisatoren erfahren denn als Hirten und Seelsorger ihrer Gemeinden. Stress und *Burnouts* häufen sich und machen es auch für den Priester immer schwerer, ein geistliches Leben zu führen. Dieses ist aber die Voraussetzung für eine fruchtbare Pastoral in den Gemeinden und für die Freude am eigenen Dienst. Dies erklärt – neben anderen Faktoren – wohl, warum nur noch sehr wenige junge Männer sich zum Priesterberuf hingezogen fühlen. So möchten sie nicht leben. Jugendliche erleben – falls sie überhaupt noch Gottesdienste mitfeiern – fast nur noch alte Priester. Es fehlt also an priesterlichen Vorbildern für junge Menschen, an Identifikationsfiguren, die mit Freude ihren Dienst verrichten und zum Heranwachsen von Berufungen beitragen. Viele Gläubige erleben ihren Priester als von Terminen gehetzt. Wenn sie einen Priester ansprechen, stellt sich sehr oft der Eindruck ein, sie würden ihm Zeit stehlen, weil er so in Eile zu sein scheint.

Man hat im Grunde das Problem des Priestermangels den Priestern aufgebürdet. Das ist ungeheuerlich. Die Priester hätten sich von Anfang an weigern sollen, mehr als eine Gemeinde zu übernehmen. Denn ein Priester muss in einer Gemeinde beheimatet sein können. Schließlich hat jeder Priester alles in seiner Macht Stehende gegen den Priestermangel getan: er ist ein Priester geworden. Er kann nicht zwei oder drei Priester werden. Mit der jetzigen Praxis aber verschleißen wir unsere letzten Reserven. Als Theologieprofessor habe ich es nicht selten mit begabten Studenten zu tun, die gerne Priester werden würden, aber vor der aktuellen Situation der Gemeindekirche mit ihren Gremien und Teams zurückschrecken. Ich rate in der Regel dazu, sich eine Ordensgemeinschaft zu suchen, in der sie das Priestertum unter angemesseneren Umständen leben können.

Der Priesterberuf hat nicht nur wegen der pastoralen Situation in den letzten Jahrzehnten stark an Leuchtkraft verloren. Besonders die zahlreichen Missbrauchsgeschichten haben erheblich dazu beigetragen; denn der Abgrund des Bösen, der sich aufgetan hat, hat nicht nur die Glaubwürdigkeit der Kirche untergraben, sondern auch ihre Amtsstruktur erheblich beschädigt und das Vertrauen in die Priesterschaft erschüttert. Das Böse ist tief eingedrungen in die Kirche und hat ihren ganzen Leib kontaminiert. Kein Wunder, dass der Priesterberuf nicht mehr anziehend auf junge Menschen wirkt. Wenn dieser Situation aber nicht abgeholfen wird, erscheint die Zukunft kirchlichen Lebens sehr bedroht und fraglich. Zu wünschen ist, dass die Gemeinden wieder zu Nährböden für Priesterberufungen werden. Aber vermutlich ist das eine Utopie.

Mitunter werden traditionell priesterliche Aufgaben an Laienmitarbeiter delegiert, wie die Sonntagspredigt in der Eucharistiefeier, Beerdigungen und in manchen Bistümern selbst die Taufe von Kindern, obwohl es bezüglich Taufen überhaupt keinen Priestermangel gibt. Dies birgt die Gefahr, dass das priesterliche und das diakonale Amt mehr und mehr ausgehöhlt wird und auch die priesterliche Identität in Gefahr gerät. Warum soll ich noch Priester oder Diakon werden, wenn ich auch als Laie bereits so viel eigentlich priesterliches Tun übernehmen kann? Damit werden Laien in ungerechtfertigter Weise klerikalisiert. Man etabliert zudem eine Laienhierarchie. Nicht umsonst warnt Papst *Franziskus* immer wieder vor der Klerikalisierung der Laien. Auf Dauer werden all diese – sicher gut gemeinten und aus der Not geborenen – Maßnahmen, mit denen man dem Priestermangel begegnen will, zu noch mehr Priestermangel führen. Die so organisierten Gemeinden sind kein Nährboden mehr, auf denen Priesterberufungen wachsen können. Der Priestermangel ist somit zum guten Teil hausgemacht. Auch die Eucharistie- und Firmkatechese ist heute oft so banalisiert, dass kaum mehr ein junger Mann auf den Gedanken kommen kann, sein ganzes Leben dem Geheimnis der Eucharistie zu weihen. Dabei ist der Priesterberuf von sich aus ein so schöner und wunderbarer Beruf. Er ermöglicht ein hohes Maß an Kreativität und Freiheit wie kaum ein anderer. Er hat es immer mit Menschen in den verschiedensten Lebenslagen zu tun, denen er eine Glaubensdimension erschließen kann, die alles übersteigt, was wir denken und uns vorstellen können. Doch wie soll man ihn wieder zum Leuchten bringen?

Das Wunderbare an diesem Beruf ist, dass der Priester das Wort Gottes im Namen der ganzen Kirche verkündet. Er ist der Theologe seiner Gemeinde, weil er den *Logos* von *Theós* und damit Gott selbst zur Sprache bringt. Als ein Mann Gottes ist er nur Gott und seinem Bischof rechenschaftspflichtig und nicht gegenüber kirchlichen Gremien. Er verantwortet also seine hirtenamtliche Arbeit weitgehend selbst. Sein Leben sollte ein geistliches Leben sein ohne Termindruck und Gehetztsein. Sein geistliches Leben darf nicht marginalisiert werden, sondern sollte unbedingt zu seiner Identität gehören. Sein Alltag müsste ein ruhiges und gelassenes Leben sein. Eigentlich sollte es für einen Priester völlig normal sein, die eine Hälfte eines jeden Tages mit dem Stundengebet, mit der Heiligen Schrift, mit gediegener Predigtvorbereitung, mit Liturgie, mit dem Studium der Kirchenväter und der Theologie und auch vielfältiger anderer Literatur zu verbringen, und in der anderen Hälfte bei der Begegnung mit Einzelnen und mit Gruppen von diesen verinnerlichten Schätzen auszuteilen. Doch wie banal und oberflächlich hören sich so viele Predigten an, wie routiniert wird die Liturgie so oft abgewickelt oder zu einer religiösen Wellnessveranstaltung umfunktioniert, die nicht mehr zum Nachdenken und zur Auseinandersetzung anregt und zur Anbetung Gottes führt. Hier zeigt sich die geistliche Leere und theologische Inkompetenz zahlreicher Priester. Mit wie vielen unausgegorenen Ideen wird die Gemeinde im Gottesdienst oft überfallen, liturgische Texte umformuliert oder ganz weggelassen, wie oft die zweite Lesung und der Antwortpsalm am Sonntag, als ob der Gottesdienst eine Privatveranstaltung des Zelebranten oder des Liturgieausschusses wäre. Es fällt dann einfach schwer, zum Gebet, zur Anbetung Gottes zu finden. Viele Predigten bestehen aus Lebensweisheiten, die man richtig oder falsch finden kann, die aber nicht

Gegenstand des Glaubens sind und die die Hörer nicht mehr in die Entscheidung zwischen Glauben und Unglauben stellen. Das sind alles Symptome dafür, dass viele Priester sich nicht mehr als Theologen verstehen, ja, dass die Pastoral überhaupt ent-theologisiert ist. Das Kriterium ist oft nur: „Was kommt an, was kommt nicht an?" Wer weiß noch zu sagen, wer mit „Gott" eigentlich gemeint ist? Bei der Verkündigung muss es doch wohl um Gott, um die Christuswirklichkeit gehen, also um die Torheit Gottes, die weiser ist als die Menschen (vgl. 1. Korintherbrief 1,18–31). Die Gläubigen sollen diese Christuswirklichkeit (und nichts anderes!) in der Heiligen Messe verinnerlichen und so die Würde ihres Über-sich-hinaus, ihr Verankertsein in der göttlichen Wirklichkeit erkennen und dankbar feiern. Ja, die Würde des Priesters besteht nicht darin, über sie erhaben zu sein (Klerikalismus), sondern darin, die unüberbietbare Würde seiner Mitchristen zum Leuchten zu bringen.

Solange der Priesterberuf nicht mehr in diesem Sinne anerkannt und als sakramentales Bei-uns-Sein Christi geschätzt wird, wird man wohl vergeblich auf mehr Priesterberufungen warten.

Tatsächlich möchten Priester für ihre Arbeit Anerkennung finden. Doch mit ihrem Spezifikum als Theologen erleben sie sich oft als unbrauchbar für die Menschen. Sie kommen damit nur selten an. Was liegt näher, als mit berufsfremden Tätigkeiten Anerkennung zu finden: als Reiseleiter, als Bauherren, als tüchtige Organisatoren, als Unterhalter? Doch wir sollten bedenken, dass Jesus selbst mit seiner Verkündigung kaum Anerkennung fand: „Ihr sucht mich nicht, weil ihr Zeichen gesehen habt, sondern weil ihr von den Broten gegessen habt und satt geworden seid. Wirkt nicht für die Nahrung, die zugrunde geht, sondern für die Nahrung, die zu ewigem Leben bleibt, die der Sohn des Menschen euch geben wird!" (Johannes 6,26f.). Und am Ende hat man ihn als unbrauchbar für menschliche Interessen auf der Schädelhöhe am Stadtrand von Jerusalem wie Müll entsorgt. Sollten Priester nicht daran Beispiel nehmen und ihre „Unbrauchbarkeit“ annehmen und aushalten? Wir würden Christus ähnlicher werden.

Wie Berufungen wachsen

Priesterberufungen bleiben aus. Man könnte meinen, Gott rufe keine jungen Männer mehr in seinen Dienst. Aber wie sollen Berufungen denn konkret ergehen? Wie kommt man dazu, sich für zum Priester berufen zu halten? Ist das nur ein inneres Gefühl? Damit könnte man sich aber auch gehörig täuschen. Das Kriterium für eine Berufung kann nicht nur subjektiv sein. Berufung muss ihr Fundament in der Wirklichkeit haben. Wie erkennt man eine Berufung?

Nun, der Glaube kommt vom Hören. Der Mensch ist zwar ansprechbar für die christliche Botschaft. Dass er aber dafür ansprechbar ist, erkennt er erst, nachdem er damit angesprochen wurde und das Wort in ihm Resonanz findet. Wenn also der Glaube vom Hören kommt, dann muss auch die Sündenvergebung vom Hören kommen (Beichte) und genauso die Berufung zu einem Amt. Konkret geschieht die Berufung zum christlichen Glauben durch andere Christinnen und Christen, durch deren Glaubenszeugnis. Denn der Glaube ist uns nicht angeboren. Wir sind darauf angewiesen, ihn uns von anderen schenken zu lassen. Wenn also der Glaube vom Hören kommt, dann gilt das auch für die Berufung zum Priester. Diese kommt ebenfalls vom Hören. Denn nur wenn sie vom Hören kommt, unterscheidet sie sich von einem bloß subjektiven Gefühl und von einer Illusion. „Hören“ muss dabei nicht nur akustisch gemeint sein, sondern meint viele Formen der Kommunikation. Damit soll gesagt sein, dass Berufungen von außen an jemand herangetragen werden. Wenn ein junger Mann Freude am Glauben hat, sich damit auseinandersetzt und in seiner Gemeinde eine gute Glaubensgemeinschaft erlebt sowie Priester, die überzeugend und mit

Freude ihren Dienst tun, dann kann das für einen jungen Mann durchaus eine Motivation sein, den Gedanken an den Priesterberuf an sich heranzulassen. Bei mir war es damals so. Wenn er zudem Christusliebe hat und Freude an der Liturgie, theologische Fragen stellt, seinen Zweifeln nachgeht und selbst zum Glaubenszeugen wird und dabei ohne klerikale Allüren Fähigkeiten entwickelt, die ihn geeignet erscheinen lassen, einen Hirtendienst zu übernehmen, dann kann das durchaus in ihm den Wunsch auslösen, sich in den Dienst der Kirche zu stellen. Er entdeckt dann, wie wichtig dieser Dienst nicht nur für eine Gemeinde, sondern für die Gesellschaft überhaupt ist. Und vermutlich werden ihm dann andere Gemeindemitglieder signalisieren oder sogar darauf ansprechen, dass sie sich ihn als Priester vorstellen können. Sicher wird er dann noch vieles zu bedenken haben, z. B., ob ein solcher Weg es ihm wert ist, auf Ehe und Familie zu verzichten, ein anspruchsvolles theologisches Studium auf sich zu nehmen und sich von Gottes Wort führen zu lassen. Wenn er sich dann von der Kirche auf seine Fähigkeiten, die Menschen mit Gottes Wort anzusprechen, prüfen lässt und der Bischof ihn dann tatsächlich beruft, dann ist dieser junge Mann auch von Gott berufen. Andere Kriterien für eine Berufung gibt es wohl nicht: die lautere Motivation, die Begabung mit bestimmten Fähigkeiten und ihre Erprobung, die Einsicht in die Wichtigkeit dieses Berufes für die Kirche und am Ende die tatsächliche Berufung durch den Bischof und die eigene Entscheidung. Man muss sich also von der Kirche hörbar prüfen und rufen lassen, um diesen Weg einzuschlagen. Dann kann der Weg eines Priesters zu einem Abenteuer mit Gott und den Menschen werden.

In der westlichen katholischen Kirche sind die Priester verpflichtet, ehelos zu leben und damit auch in immerwährender sexueller Enthaltsamkeit „um des Himmelreiches willen." Ob diese Verpflichtung richtig ist, wird seit Jahrzehnten pro und contra diskutiert. Sicher ist der freiwillig übernommene Zölibat ein eindrucksvolles Zeugnis und kann mit Freude und überzeugend gelebt werden. Schließlich geht es dabei um die Lebensform Jesu. Als seine natürlichen Familienangehörigen Jesus abholen und nach Hause bringen wollten, weil sie ihn für verrückt hielten (vgl. Markus 3,21), sagte er:

> Wer ist meine Mutter und meine Brüder? Und er schaut ringsum die im Kreis um ihn Sitzenden an und sagt: Siehe, meine Mutter und meine Brüder! Denn wer den Willen Gottes tut, der ist für mich Bruder und Schwester und Mutter. (Markus 3,33–35)

Die Lebensform Jesu ist eine Einladung Gottes an die Menschen, eine Familie zu bilden, die nicht auf Blutsverwandtschaft gegründet ist, sondern durch den Heiligen Geist ermöglicht wird. Aus vielen Ichs soll ein Wir, soll Gemeinde werden! Deshalb ist diese Lebensform dem Priester sicher sehr angemessen. Aber kann man sie verpflichtend für alle Priester machen?

Die Kirche selbst lehrt, dass der Zölibat nicht notwendig zum Wesen des Priestertums gehört.[17] Und dennoch wird er den Priestern auferlegt. Aber ist das wirklich notwendig? Gehört die Berufung zur Ehelosigkeit tatsächlich untrennbar auch zur Priesterberufung? Kann man zum Priester berufen sein, ohne zum Zölibat berufen zu sein? Mein früherer Regens im Priesterseminar in Frankfurt sagte mir einmal aus seiner Erfahrung: „Ich glaube, dass die Berufung zur Ehelosigkeit viel seltener ist als die Berufung zum Priester." Ich kenne zahlreiche Priester, die den Zölibat nur in

Kauf genommen haben, um Seelsorger werden zu können. Viele haben sich später damit überfordert gesehen. In ihrer Not haben zahlreiche sehr gute Seelsorger mit großem Bedauern das Amt aufgegeben, um heiraten zu können. So hat die Kirche in den Jahren nach dem Konzil und auch später allerhand gute Seelsorger und Prediger verloren. Auch so wurde zum Priestermangel beigetragen. Zudem leiden viele Priester unter der Überforderung durch die Zölibatspflicht. Eine Not, die durch die frustrierende pastorale Situation noch zusätzlich verstärkt wird.

Die in den letzten Jahren immer wiederkehrenden Nachrichten nicht nur über Kindesmissbrauch, sondern über viele Zölibatsverstöße durch Priester und auch Bischöfe haben die Überforderung zutage treten lassen. Was dazu bekannt wird, ist vermutlich nur die Spitze des Eisberges. Denn Ausübung von Sexualität durch Priester ist mit vielen Heimlichkeiten verbunden, die dann für diese Mitbrüder nicht selten zu Unheimlichkeiten werden. Die Not ist groß. Und die Frage stellt sich für viele: Warum hält die Kirche an dieser Verpflichtung fest, obwohl sie sich damit selbst schadet (Priestermangel) und viele Priester ein unglückliches Leben führen lässt. Diese ganze Not zeigt auch, dass man das affektive und sexuelle Grundbedürfnis des Menschen nicht deckeln kann. Und warum sollte man es auch? Dieses Grundbedürfnis – wo es gedeckelt wird – sucht sich dann seine Ventile in häufig fehlgeleiteten Formen. Sexualität an sich ist nichts, was den Menschen unrein macht. Sündig und unglücklich macht sie nur dann, wenn sie unverantwortlich und lieblos vollzogen wird. Deshalb gehört die Zölibatspflicht dringend auf den Prüfstand. Auch Priester brauchen Rahmenbedingungen, in denen ihre Sexualität in Verantwortung und in Liebe gelebt werden kann und darf.

Unsere postmoderne Zeit ist von einer ungeheuren Vielfalt gekennzeichnet. Es fällt vielen schwer, sich in dieser Welt zu orientieren. Dabei gehört Vielfalt auch zur Kirche. Aber welche Vielfalt? Es gibt einen *babylonischen* Pluralismus, in dem die Menschen einander entfremdet werden. Dieser Begriff geht zurück auf die biblische Geschichte vom Turmbau zu Babel (vgl. Genesis 11). Als die Menschen einen Turm bis in den Himmel bauen wollten, wurden ihre Sprachen verwirrt. Sie verstanden einander nicht mehr. Wenn jeder so tollkühn ist, dass er sein möchte wie Gott, dann stehen sich die Menschen einander im Weg und verstehen sich nicht mehr. Das ist ein Bild auch für unsere Zeit. Wenn Wachstum alles beherrscht, wenn jeder mehr und größer sein will als die anderen, wenn Menschen sich überheben, dann entfremden sie sich einander. Auch unser ungebremster Individualismus trägt dazu bei. Der Drang zur Größe und das Gegeneinander der Menschen, wenn jeder nur das eigene Wohl sucht und nicht das Gemeinwohl, dann entsteht dieser babylonische Pluralismus ohne Einheit, ohne Konsonanz der Menschheit, ohne gemeinsame Mitte. Alles wird unübersichtlich. Jeder sieht nur sich. Damit begann schon in der Bibel das Gegeneinander der Menschen, Verwirrung, Kriege und Gewalt. Die ganze Geschichte ist voll davon.

> Und der Herr sprach. Siehe, ein Volk sind sie und eine Sprache haben sie alle. Und das ist erst der Anfang ihres Tuns. Jetzt wird ihnen nichts mehr unerreichbar sein, wenn sie es sich zu tun vornehmen. Auf, steigen wir hinab und verwirren wir dort ihre Sprache, so dass keiner mehr die Sprache des anderen versteht. (Genesis 11,6f.)

Die Menschen damals haben die Entwicklung so verstanden und als ein Eingreifen Gottes gedeutet. Vermutlich haben sie auch menschliche Eifersucht in ihre Gottesvorstellung hineinprojiziert:

Gott sei argwöhnisch geworden, weil der Mensch größer werden könnte als er ist und ein Konkurrent Gottes zu werden droht. Man muss sich jedoch nicht vorstellen, dass Gott aktiv in dieser Weise eingegriffen hat. Es ist wohl vielmehr das Tun der Menschen selbst, das von sich aus in diesen Zustand und damit in einen hermeneutischen Notstand führt.

Das biblische Gegenbild dazu ist das Pfingstgeschehen in der Apostelgeschichte, in der der Heilige Geist über die entstehende Kirche ausgegossen wurde. Es führte zum Sprachenwunder. Die vielen damals in Jerusalem anwesenden jüdischen Pilger aus allen Völkern, Sprachen und Kulturen verstanden einander: „Wir hören sie (die Apostel) in unseren Zungen die Großtaten Gottes verkünden.“ (2,11)

Dies ist ein *pfingstlicher* Pluralismus. Die Vielfalt hat einen Einheitspunkt, eine Mitte, die nicht von dieser Welt ist: Christus. Er, der Auferstandene trat am Osterabend „in die Mitte“ der Jünger (vgl. Johannes 20,19). Wenn jeder darauf verzichtet, selbst im Zentrum zu stehen und Christus die Mitte aller wird, dann entsteht ein Raum des Friedens. Zur Hirtensorge heute gehört es wohl, die Menschen immer wieder in dieser Mitte zu verankern. Der Heilige Geist verbindet die vielen Sprachen und Kulturen und auch die vielen Lebensentwürfe von Menschen. Das ist das Geheimnis der Kirche Gottes. Diese ist ein neues Zusammensein von Menschen, das eine gemeinsame Mitte hat, die nicht von dieser Welt ist.

Wenn die Gläubigen so im Glauben übereinstimmen – und im christlichen Glauben kann man eigentlich nur übereinstimmen, weil er das Erfülltsein vom Heiligen Geist ist – dann kann man auf allen anderen Gebieten auch verschiedener Meinung und Anschauung sein *und* zugleich Respekt voreinander haben. Man stimmt ja im Glauben überein.

Die Menschen immer wieder zu diesem pfingstlichen Pluralismus zu führen, gehört zu den Hirtenaufgaben in der Kirche. Doch das ist alles andere als leicht. Vor allem dann nicht, wenn das Vertrauen in die Amtsträger fehlt, was durch das Offenbarwerden der zahlreichen Missbrauchsgeschichten und deren Vertuschung leider geschehen ist. Umkehr und Buße ist nun gefordert sowie geistliche Erneuerung der Amtsträger der Kirche. Aufarbeitung der Vergangenheit und ein Neuanfang ist nötig. Damit die Kirche wieder als Sakrament des Heiles erkennbar und erfahrbar wird.

Dass der Glaube vom Hören kommt, bedeutet auch, dass wir aufeinander angewiesen sind. Niemand kann allein zum Glauben an Christus kommen. Dies bedeutet auch, dass wir füreinander verantwortlich sind, dass der Glaube weitergegeben wird. Nachdem Kain seinen Bruder Abel getötet hatte, sprach der Herr zu ihm: „Wo ist Abel, dein Bruder?" Er antwortete: „Ich weiß es nicht. Bin ich der Hüter meines Bruders?" (Genesis 4,9) Ungeheuerlich ist diese verantwortungslose Antwort: Was gehen mich die anderen an? Gott aber hat uns dazu bestimmt, uns füreinander verantwortlich zu wissen, füreinander Hüter und auch Hirten zu sein.

Das Sonntagsgebot

„Was gehen mich die anderen an?" Unter Christen sollte eine solche Aussage unmöglich sein. Sicher, man kann auch mit dieser Einstellung zur Messe gehen, so wie man ins Kino geht. Man erfüllt ganz individuell die Sonntagspflicht. Viele finden das lästig und besuchen den Gottesdienst nur, wenn ihnen danach ist. Damit verfehlen sie den Sinn des Gottesdienstes und des Kirchengebotes. Dieses verpflichtet ja alle Katholiken, am Sonntag und an gebotenen Feiertagen unter schwerer Sünde, die Heilige Messe mitzufeiern. In der Eucharistiefeier verbindet der Heilige Geist alle Anwesenden nicht nur mit Gott, sondern auch untereinander. Man kann nicht mit Gott verbunden sein, ohne sich mit den Mitchristen verbunden zu wissen. Das Sonntagsgebot ist also viel weiter zu fassen. Es geht nicht nur um eine individuelle Pflicht, die ich Gott gegenüber erfüllen muss. Es geht vielmehr auch um einen seelsorglichen Dienst aneinander. Durch die Teilnahme am Gottesdienst bezeugen wir füreinander den Glauben. Jeder Platz, der leer bleibt in der Kirche schwächt den Glauben der anderen. Und schon allein durch meine Teilnahme, durch mein Mitbeten und Mitsingen stärke ich den Glauben der anderen. Wenn ich fernbleibe, stärke ich niemand. Das Sonntagsgebot verlangt von uns das Minimum an gegenseitiger Seelsorge, das die Kirche von uns allen erwartet. Und damit sind alle Christinnen und Christen mit einbezogen in den Hirtendienst Christi. Wir tragen auch im Glauben Verantwortung füreinander. Auch dies gehört zur christlichen Identität.

Ich bin der wahre Weinstock

Johannes 15,1–8

Ich bin der wahre Weinstock, und mein Vater ist der Winzer. Jede Rebe an mir, die keine Frucht bringt, die nimmt er weg, und jede, die Frucht bringt, die reinigt er, dass sie mehr Frucht bringt. *Ihr* seid bereits rein durch das Wort, das ich zu euch gesprochen habe. Bleibt in mir und ich in euch! Wie die Rebe nicht von sich aus Frucht bringen kann, wenn sie nicht am Weinstock bleibt, so auch *ihr* nicht, wenn ihr nicht in mir bleibt. *Ich* bin der Weinstock, *ihr* die Reben. Der in mir bleibt und ich in ihm, der bringt viele Frucht, weil ihr getrennt von mir nichts tun könnt. Wenn einer nicht in mir bleibt, wird er nach draußen hinausgeworfen wie die Rebe und verdorrt; und man sammelt sie und wirft sie ins Feuer, und sie brennen. Wenn ihr in mir bleibt und meine Worte in euch bleiben, erbittet was ihr wollt, und es wird euch werden! Darin ist mein Vater verherrlicht, dass ihr viel Frucht bringt und mir Jünger werdet!

Wieder nimmt Jesus ein Bild aus seiner Lebenswelt: den Weinstock. Der Text stellt eine *Bildrede* dar. Das verwendete Bild lag ausgesprochen nahe. Weinbau war schon in der Antike in Palästina weit verbreitet. Der Weinberg war im Alten Testament ein Bild für das Volk Israel: Gottes Pflanzung. Im 5. Kapitel des Jesajabuches finden wir das *Lied vom Weinberg*. Der Weinberg steht dort als Bild für das Volk Gottes, das keine Früchte bringt. Gott hat ihn gepflanzt, hat ihn gepflegt, vor wilden Tieren geschützt, ihn genährt – in der Hoffnung, dass er guten Wein bringe. Doch er brachte nur faule Beeren.

Das Bild vom Weinberg für Israel kommt bei den Propheten mehrfach vor. Auch Psalm 80,9–20 besingt den Weinstock Gottes, der aber ausgeplündert und zerstört wurde. Der Psalmensänger fleht zu Gott: „Beschütze, was deine Rechte gepflanzt hat!“ Immer geht es um Trauer und Wehklagen um den Weinberg oder Weinstock Gottes, der keine guten Früchte bringt. Allein Jesaja 27,1–3 spricht anerkennend und positiv vom *neuen Weinberg*:

> An jenem Tag gibt es einen begehrenswerten Weinberg. Besingt ihn! Ich, der Herr, bin sein Wächter, alle Augenblicke bewässere ich ihn. Damit niemand ihn heimsucht, bewache ich ihn bei Nacht und bei Tag.

Und eine übergroße Zukunftsverheißung wird über ihn ausgesprochen:

> In künftigen Tagen schlägt Jakob Wurzel, blüht und gedeiht Israel, und der Erdkreis füllt sich mit Früchten. (27,6)

Im Buch Jesus Sirach 24,17 vergleicht sich die göttliche Weisheit mit einem Weinstock:

> Wie ein Weinstock ließ ich Anmut sprießen, meine Blüten sind Frucht von Herrlichkeit und Reichtum.

Wie der Neutestamentler *Johannes Beutler* schreibt, sind wir hier sehr nahe an der Bildrede Jesu.[18] Denn die Weisheit Gottes hat sich in Jesus geoffenbart. Hier im Johannesevangelium ist es der Weinstock, der dazu dient, das Geheimnis Jesu zu offenbaren: „Ich bin der wahre Weinstock“. Jesus identifiziert sich mit ihm: Der wahre Weinstock bin ich.

Warum der *wahre* Weinstock? Im Gegensatz zu welchem „falschen“ Weinstock? Wenn wir den ganzen Text berücksichtigen, dann sehen wir: Es geht um das wahre Leben, das nicht entfremdete Leben, also um das Leben, das nur Gott geben kann. Deshalb ist auch der Vater der Winzer. Verglichen damit ist alles natürliche Leben dem Untergang und dem Verderben geweiht. Nur in der lebendigen Gemeinschaft mit Gott findet der Mensch das ewige, das unzerstörbare, das göttliche Leben. Alle Versuche, sich selbst dieses unzerstörbare Leben zu geben und zu sichern, sind zum Scheitern verurteilt.

Verbundenheit der Jünger mit Jesus und untereinander

Es geht dabei nicht nur um das Verhältnis der Jünger zu Jesus, sondern auch um das Verhältnis der Jünger untereinander. Das Leben, das den Weinstock durchströmt, verbindet auch die Jünger, die Christen und Christinnen miteinander. Das ist wie eine Erfüllung von Jesus Sirach 24,17.

Mit der Verbundenheit der Jünger untereinander wird das Geheimnis der Kirche in den Blick genommen. Sie kann nur fruchtbar sein und verdient das Vertrauen der Menschen nur, wenn ihre Glieder mit Christus verbunden bleiben. Die zahlreichen verstörenden Missbrauchsgeschichten, die in den vergangenen Jahren in der Kirche offenbar geworden sind, zeigen, dass die Bildrede Jesu auch mit Reben rechnete, die nicht in ihm bleiben, sondern abgeschnitten werden, verdorren und weggeworfen werden.

Baum des Lebens

Der Weinstock ist somit als Baum des Lebens verstanden. Wer nicht in ihm bleibt, stirbt. Deshalb lädt Jesus dazu ein, sich in diesen Weinstock einpflanzen zu lassen. Großartig ist das dargestellt auf dem doppelseitigen Kreuz über dem Kreuzaltar im Münster von Bad Doberan: Das Kreuz als Baum des Lebens, aus dem die Weinblätter sprießen, grün und frisch und kräftig, weil sie am Leben des gekreuzigten Herrn, ja des Kreuzes teilhaben, weil sie an ihn angeschlossen, gewissermaßen *online* mit ihm sind.

Es gehört wohl zur kühnen aber weisen Paradoxie des christlichen Glaubens, dass aus dem Tod am Kreuz – also da, wo man es am allerwenigstens erwartet – das Leben für uns aufblüht.

Auf der Rückseite des Kreuzes, auf der *Marienseite*, sehen wir an zentraler Stelle Maria mit dem Kind als die neue Eva. Die alte Eva stand unter dem köstlich anzusehenden Baum des Lebens im Paradies und wollte sich das Leben anessen, wollte wie Gott werden – und verleibte sich den Tod ein. Die neue Eva auf dem Bild steht beim Kreuz Jesu. Sie hält eine andere Frucht in ihren Händen: Jesus. Es ist dieses christliche Paradoxon: Aus dem Tod Jesu kommt alle Fruchtbarkeit, alles Leben wie ein Strom, wie ein Kreislauf. Alle, die an diesen Baum angeschlossen sind, sind von prallem Leben erfüllt. Nur in der Verbindung mit Jesus ist dieses Leben zu finden.

„Ich bin der wahre Weinstock, und mein Vater ist der Winzer." Ohne Winzer würde jeder Weinstock verwildern. Ein erstes Verhältnis wird hier bezeichnet: Jesus hat sein Leben von Gott. Die Bildrede vom Weinstock liest sich wie eine Illustration des hohepriesterlichen Gebets Jesu in Kapitel 17 des Johannesevangeliums: „Und alles Meine ist dein, und das Deine mein" (V. 10). Das ganze Geheimnis Jesu ist hier beschlossen: Jesus hat alles, was Gott gehört. Man kann es nicht anders aussagen als trinitarisch. Wir sprechen von dem einen Gott in drei Personen. Aber was heißt „Person?" Am besten übersetzt man Person mit „Selbstpräsenz".[19] Unser Personsein besteht darin, dass wir uns selbst gegenwärtig sind und uns auf uns selbst beziehen können. „Dieser Begriff der ‚Selbstpräsenz' kann nun ‚hinweisend', ‚analog' auch in Bezug auf Gott ausgesagt werden."[20] Denn wir sind ja bereits Personen; wir können also nicht bestreiten, dass Gott sich selbst präsent ist. Wenn wir von der Dreifaltigkeit Gottes sprechen, sagen wir, dass Gott sich dreifach selbst präsent ist: Als Vater, als Sohn und als Heiliger Geist. Der Vater ist Vater, eine erste Selbstpräsenz Gottes, weil er Du sagt, weil er den Sohn zeugt. Dieser ist eine weitere Selbstpräsenz Gottes, eine vom

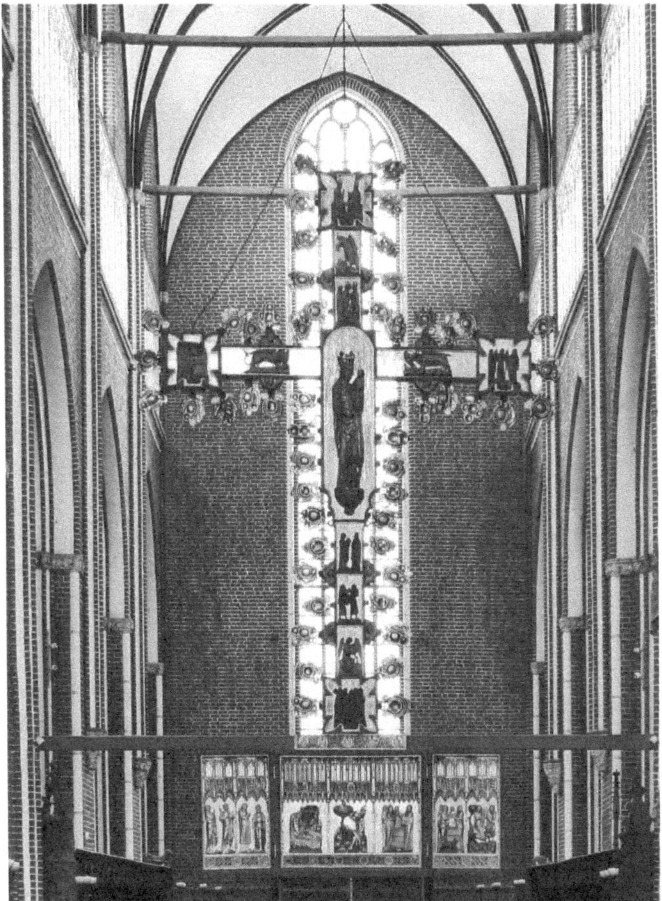

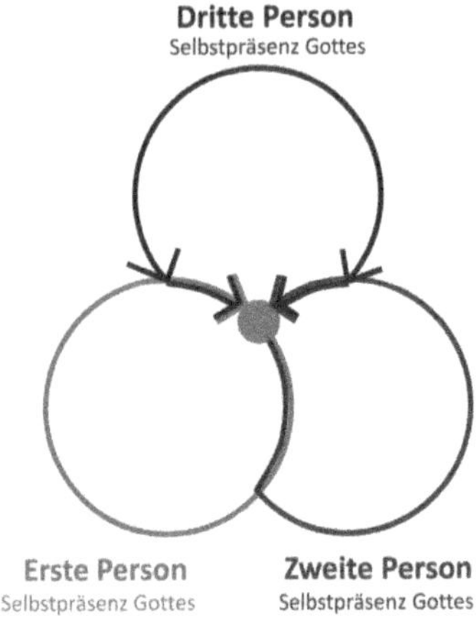

Vater unterschiedene Weise wie Gott Gott ist. Gott ist auch als Du und als Wort Gott, eben als vom Vater „geliebter Sohn", wie es in der Heiligen Schrift heißt. Und der Sohn ist Sohn, weil er sich dem Vater verdankt und „am Busen des Vaters" ruht (Johannes 1,18).

Gott ist Gott als Gespräch zwischen Ich und Du. Diese sind nicht einfach zwei Ichs, sondern sie sind ein Wir. Das, worin Vater und Sohn, Ich und Du, verbunden sind, ist der Heilige Geist, das Wir in Person: eine dritte Selbstpräsenz Gottes. Jesus lebt aus diesem Wir. Er weiß sich in Gemeinschaft mit Gott, er sagt „Abba" zu Gott. Sein wahres Menschsein offenbart sein Sohnsein von Ewigkeit her.

Doch jetzt kommt eine andere Richtung in den Blick: „Ich bin der Weinstock, ihr seid die Reben." Die Reben sind mit dem Weinstock verbunden, ja, sie sind geradezu Teil des Weinstocks. Die Reben werden durchströmt vom Leben, das den ganzen Weinstock erfüllt. Sie nehmen Teil an diesem Leben und werden vom Weinstock belebt. Von ihm erhalten sie Frische und Fruchtbarkeit. Die Jünger sind Rebzweige an diesem Weinstock. Es ist das göttliche Leben, der Heilige Geist, der auch sie durchströmt und ihr Leben und Wirken fruchtbar macht und sie auch untereinander verbindet. Es ist die Eigenart des Heiligen Geistes, Personen zu verbinden. In Gott verbindet er Vater und Sohn und in uns verbindet er die Vielen zur Kirche. Die Kirche ist das Geheimnis des Heiligen Geistes.

Dazu ist der Sohn Mensch geworden, um auch uns mit sich im Heiligen Geist zu verbinden. In Kapitel 17 bei Johannes sagt er es ausdrücklich:

> Und ich habe die Herrlichkeit, die du *mir* gegeben hast, *ihnen* gegeben, damit sie Eines sind, wie wir Eines, *ich* in ihnen und *du* in mir, damit sie vollendet sind zu Einem, damit die Welt erkennt: Du hast mich gesandt und sie geliebt, wie du mich geliebt hast. (V. 22f.)

Dies ist geradezu einzigartig. Wer Gemeinschaft mit Jesus hat, hat auch Gemeinschaft mit Gott. Gott liebt uns, wie er seit ewig seinen Sohn liebt. Wer sich so aufgenommen weiß in diesen Weinstock, hat göttliches Leben in sich, ein Leben, das keine Macht der Welt uns mehr nehmen kann. Alles kommt also darauf an, mit Jesus verbunden zu bleiben. So nimmt er uns mit in seine Auferstehung und Himmelfahrt.

Das Bleiben in Jesus

Zehnmal kommt in der Rede vom Weinstock das Verb „bleiben" vor. Bleiben meint Stand haben, verbunden bleiben, fest verwurzelt sein, wohnen, verweilen, benediktinisch: „stabilitas" haben. *Stabilitas* meint wohl nicht nur einen äußeren Ort, sondern die Stabilitas, die Beständigkeit des Bleibens in Jesus. Und das gilt dann natürlich für alle Christen. „Denn wenn einer nicht in mir bleibt, wird er nach draußen hinausgeworfen wie die Rebe und verdorrt" (Johannes 15,6). Also nur das beständige Bleiben in ihm verbürgt das Leben. Wer getrennt von Jesus ist, hat keine Lebensperspektive, mag er auch noch so viele Lebenspläne haben. Er ist dann abgeschnitten vom Leben Gottes, hat keine Perspektive der Ewigkeit und kann nur noch versuchen, das Leben aus der Welt zu saugen. Aber es bleibt vergeblich.

Wie nun geschieht dieses Bleiben? Bedarf es dazu einer besonderen Anstrengung? Muss man moralische Klimmzüge vollbringen? Oder noch mehr geistliche Übungen absolvieren? Es gibt ja auch so etwas wie geistlichen Stress.

Nein, alles das wären Versuche, sich selbst das Leben zu geben. Aber so verdorrt man oder brennt aus. Ein Vorgang, den man auch bei vielen in der Pastoral Tätigen beobachten kann.

Das Bleiben in Jesus geschieht durch den Glauben, durch das Vertrauen in das Wort Jesu, durch das Vertrautsein mit Gott. Im Glauben wissen wir uns hineingenommen in die innige Gemeinschaft Jesu mit Gott. Im Glauben haben wir Anteil an Jesu Verhältnis zum Vater.

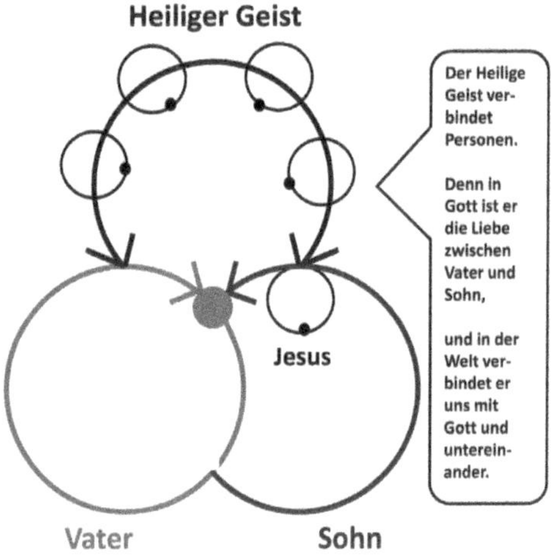

Dieses Verhältnis ist der Heilige Geist. Wer also an Jesu Wort glaubt, der ist bereits vom Heiligen Geist erfüllt. Der Heilige Geist als Wir von Vater und Sohn ist dieser Lebenssaft, der den ganzen Weinstock durchströmt und am Leben hält. Im Glauben treten wir also ein in das Geheimnis Gottes selbst. Denn „wie mich der Vater geliebt hat, so habe auch ich euch geliebt. Bleibt in meiner Liebe!“ (Johannes 15,9). Die Liebe Jesu ist also dieselbe Liebe, mit der der Vater den Sohn liebt. Keine andere Liebe als diese innergöttliche hat Gott für uns.

Jesus Christus ist also mehr als nur eine historische Persönlichkeit, an die wir uns erinnern. Zwar erkennen wir im Glauben den Christus in Jesus, in diesem konkreten Menschen der Geschichte. In diesem Menschen ist das Christusgeheimnis offenbar geworden: dass sich Göttliches und Menschliches miteinander verbinden, ohne sich zu vermischen, und dass der Mensch nur durch diesen Bund mit dem Göttlichen zum wahren Menschen wird. Auch dies wird gesagt mit dem Bild der abgetrennten und verdorrenden Reben: Der Mensch kann seine wahre Menschlichkeit, die Fülle seines Menschseins nicht finden, wenn er nicht mit dieser Christuswirklichkeit verbunden bleibt. Diese ist das Geheimnis auch unseres Menschseins. Im Kolosserbrief und im Epheserbrief heißt es, dass wir nicht bloß geschaffen, sondern bereits „in Christus“ geschaffen sind (Kolosserbrief 1,16), nämlich in der Liebe des Vaters zum Sohn. Und im Römerbrief sagt Paulus, dass Gott uns im Voraus dazu „vorbestimmt [hat] in Gleichgestalt des Bildes seines Sohnes“ (8,29) zu sein. Und so ist wohl jeder, der sich ausdrücklich als Christ versteht, in seinem tiefsten Inneren davon überzeugt, dass Christus eine Wirklichkeit ist, die wir in unserem Herzen tragen. Und nichts sollte uns mehr erschrecken als der Gedanke, er könne unser Herz verlassen und wir könnten „christusleer“ werden. Wir wären eben wie abgetrennte und verdorrte Reben. Denn Christus ist die Fülle unseres Menschseins.

Es geht also um die Bestimmung des Menschen, wahrhaft menschlich, statt unmenschlich zu sein. Darin besteht die Verwirklichung menschlicher Existenz: in der Teilhabe an der Sohneswürde Christi und somit an seiner Menschlichkeit.

Deshalb kann Jesus sagen: „Wenn ihr in mir bleibt und meine Worte in euch bleiben, erbittet, was ihr wollt, und es wird euch werden“ (Johannes 15,7). Christliches Beten ist anders als wir es vielleicht gewohnt sind. Verbreitet ist die Ansicht, wir beteten zu Gott und Gott müsste uns antworten und erhören. Christliches Beten vollzieht sich aber umgekehrt: *Wir* antworten auf Gottes Wort; denn Gott hat zuerst zu uns gesprochen und erwartet unsere Antwort. Nur wenn wir mit Jesus, der das Wort Gottes ist, verbunden bleiben, kann unser Beten beim Vater ankommen. Beten ist sprechender Glaube im Heiligen Geist. Gott hört aus unserem Beten die Stimme seines Sohnes. Denn es ist der Heilige Geist, der in uns „Abba, Vater“ ruft (vgl. Galaterbrief 4,6). Damit ist verbürgt, dass unser Beten Gott erreicht. Unser Beten ist unsere vom Heiligen Geist getragene Teilnahme am Gebet Jesu und Antwort auf Gottes Wort. Deshalb auch beten wir die Psalmen. Weil sie Jesu Gebet waren und weil Jesus mit den Psalmen sein Sohnesverhältnis vor dem Vater zum Ausdruck brachte. In solchem Gebet geschieht das, worum wir beten: die Gemeinschaft mit Gott in allen Lebenslagen, in Freude und Leid, im Leben und im Sterben. Wir wachsen hinein in unser Vertrautsein mit Gott. So gesehen gibt es gar kein unerhörtes Beten.

Wir sollen in Christus bleiben, in ihm verweilen, weil er im Vater ist. Durch Christus gibt es also eine wirkliche Gegenwart Gottes im Menschen. Gott ist in uns und wir sind in Gott. Wir verweilen in ihm, bleiben in ihm verwurzelt. Es entspricht dem Bild der Liebe, der Ehe. Mann und Frau, die sich lieben, wohnen gewissermaßen ineinander, werden ein Fleisch und ein Geist.

Die hl. *Teresa von Avila*, eine Frau mit einer übergroßen Christusliebe, bringt das auf den Punkt. In einem Gedicht lässt sie sich von Christus so ansprechen:

Teresa, suche dich in mir, suche mich in dir![21]

In der Tat, Teresa war eine große Gottsucherin. Aber wohl auch jeder Mensch sucht auf seine Weise nach Gott. Doch das Suchen nach Gott ist bereits das Finden. Der Christ ist als Pilger unterwegs. Auch wenn er nicht weiß wohin, ist er immer auf der Suche nach dem Eigentlichen, nach dem Größeren und nie zufrieden mit dem Vorfindlichen, immer unvollendet. Diese Dynamik des Suchens lässt uns nie an ein Ende kommen. Das gehört zur Berufung des Menschen: Gott zu suchen. Auch Teresa hört diese Aufforderung: „Suche!" Aber es ist eine doppelte Aufforderung: Suche dich, suche mich. Ja, der Mensch möchte auch sich selbst finden, seine Identität. Es ist eine Tragik, dass viele Menschen die eine Suche von der anderen lösen und nur einseitig suchen. Viele suchen nur sich selbst und meinen, dadurch das Größere zu finden. Sie sind wie abgeschnittene Reben. Ihre Selbsterfahrung bleibt eben nur *Selbst*erfahrung. Sie wachsen nicht über sich hinaus. Alle Religionen wissen, dass der Mensch so auf Dauer verkümmert. Deshalb fordern sie die Menschen auf, sich auf Gott hin zu öffnen. Die Suche darf nicht bei uns enden. Brich auf aus deiner Enge, mach dich auf den Weg zum Unendlichen, öffne dich für die Transzendenz, für das *nirvana*, für Gott, geh aus dir heraus, unterscheide dich von dir selbst! Doch dann kommt oft die schmerzliche Erfahrung: Die Transzendenz scheint stumm. Sie schweigt, sie ist unerreichbar. Ich bleibe zurückgeworfen auf mich. Ich komme dem nicht näher, was ich eigentlich suche.

Aber Teresa hörte mehr als das, etwas Neues, etwas, das das eigentlich Christliche ist: „Suche dich! Ja, aber suche dich *in mir*“, hört sie Christus sagen. Und: „Suche mich! Ja, aber suche mich *in dir.*“

Dies ist die rechte Christusbeziehung, wie sie im Wort vom Weinstock gemeint ist. Also nicht nur eine Suche in uns selbst, eine Innenschau. Auch nicht einfach eine Suche nach außen, nach einem Du. Sondern die Suche des Du in mir und die Suche meiner selbst im Du. Wir können uns in Christus finden und Christus in uns entdecken. Christus ist nicht der große Unbekannte, sondern wohnt in uns. Und wir bleiben uns nicht mehr fremd und rätselhaft, wenn wir uns in ihm finden. Und er bleibt uns nicht fremd, wenn wird ihn in uns finden.

Hiermit ist uns ein ganzes geistliches Programm aufgegeben! Suche dich in mir: Das geht nur, wenn wir uns leer machen und nicht mehr nur uns selbst suchen mit der Gefahr, in Egozentrik und Narzissmus zu fallen. Du kannst dich nicht suchen, wenn du von dir ausgefüllt bist – du musst deine Gedanken leer machen. Das entspricht der Umkehr, der *Metánoia* des Evangeliums.

Weiterhin musst du aus dir herausgehen, sonst wirst du dir nicht begegnen. Deine Identität, die du suchst, ist nicht in dir. Du musst heraus und auf den anderen zugehen. Du musst dich selbst zurücklassen und alles, was du besitzt. Aber wie sollen wir den Abgrund überschreiten, der uns von der Transzendenz trennt? Nur im Wissen um das Wort, dass Gott diese Transzendenz schon von sich aus überschritten hat und in Jesus einer von uns wurde. In ihm ist das Leben, das ich suche. Deshalb sagt Christus zu Teresa:

> Suche dich in mir; dieser andere bin ich; entdecke den einzig anderen, der nicht eigentlich ein anderer ist und dir erlaubt, du selbst zu sein, der deine Isolierung durchbricht und doch deine Einzigartigkeit respektiert. Und wenn du zulässt, dass die Liebe in dich eindringt, wirst du entdecken, dass dieser andere kein anderer, sondern ein Ich ist – dass Ich es bin.[22]

Und ebenso gilt umgekehrt: Suche mich in dir! Christus ist schon in uns, wenn wir ihm begegnen und sein Wort an uns heranlassen. Dann, aber erst dann, wird die Suche in uns nicht fruchtlos bleiben. Die Begegnung mit ihm offenbart uns, dass wir schon in ihm und er in uns ist. Indem wir ihn in uns suchen, finden wir ihn als unser Du und schließlich als unser wahres Ich. Deshalb kann Paulus sagen: „Nicht mehr ich lebe, in mir lebt Christus" (Galaterbrief 2,20).

Durch Christus ist der religiöse Dualismus überwunden. Damit meine ich, dass wir hier auf Erden isoliert und in der Gottferne sind und Gott weit weg in der Transzendenz ist. Kein Weg führt über den Abgrund. Erst das Wort Gottes – Jesus Christus – überbrückt diesen Abgrund und fügt uns in das Geheimnis Gottes ein. Wir können uns in ihm finden und ihn in uns.

Gottesdienst mit Gott in Gott vor Gott

Dies sagt uns etwas über die Eigenart nicht nur des christlichen Betens, sondern auch des christlichen Gottesdienstes. Er ist trinitarisch konzipiert und verwirklicht das, was die Rede vom Weinstock sagt. Bis heute ist das vielen Christen nicht oder nur undeutlich bewusst. Gebet und Gottesdienst sind für viele ein Stehen vor einem fernen und unsichtbaren Gott. Sie denken dualistisch. Hier sind wir und dort, jenseits von allem, ist ein ferner Gott. Dieser Gott ist allmächtig und kann als erdrückend erfahren werden. Verständlich, dass man dann versucht, ein Verhältnis zu Gott aufzubauen, es Gott recht zu machen, sich selbst ins rechte Licht zu setzen, Gott Opfer zu bringen, damit er uns dafür etwas gibt. Aber eben immer nur *etwas*: Leben, Glück, Gesundheit, Erfolg usw. Aber: „Ohne mich könnt ihr nichts tun." Er schenkt uns nicht nur die guten Gaben der Erde („geschaffene Gnade"), sondern er verschenkt *sich selbst* an uns („ungeschaffene Gnade"). Er steht in unbegreiflicher Weise schon auf unserer Seite.

Christlicher Gottesdienst ist deshalb etwas Neues. Bereits das Gebet der Psalmen gibt uns das vor: Wir beten doch mit Jesus; denn der Psalter, das Gebetbuch Israels, war auch Jesu Gebetbuch. Als Jude stand Jesus in der Glaubensgeschichte Israels. Wir heute stehen mit ihm und in ihm vor Gott. Gott steht im Sohn also schon auf unserer Seite. Wir sagen „Vater unser" und nehmen so an *Jesu* Gottesverhältnis teil. Wir versammeln uns im Gottesdienst immer *mit* Gott vor Gott, denn wir stehen mit dem Sohn vor dem Vater. Noch genauer müssen wir sagen: Wir stehen *mit* Gott *in* Gott *vor* Gott: *Mit* dem Sohn *im* Heiligen Geist *vor* dem Vater. *Mit* dem Sohn sind wir im Glauben verbunden wie die Reben mit dem Weinstock. *Im* Heiligen Geist, weil er das göttliche Leben ist, das uns in der Verbundenheit mit dem Sohn durchströmt und in die richtige Beziehung zum Vater setzt, in die lebendige Beziehung des Glaubens, der das Erfülltsein vom Heiligen Geist ist. Der Geist ist der Raum, in dem wir leben und frei sein können. In diesem Geist stehen wir *vor* dem Vater, denn der Vater ist der Gott *vor uns*, der Gott zu dem wir unterwegs sind, der Gott, in dem wir die Fülle des Lebens erhoffen: unsere Vollendung. Der Sohn ist der Gott *mit uns*, der uns zum Vater führt. Und der Heilige Geist ist der Gott *in uns*, in dem wir leben, uns bewegen und sind (vgl. Apostelgeschichte 17,28).

Ich bin der wahre Weinstock, sagt Jesus. Und wer bin ich? Ein abgetrennter, hinausgeworfener Rebzweig, zum Verdorren bestimmt? Oder eine Rebe am Weinstock, durchströmt vom ewigen Leben Gottes?

Ich bin das Licht der Welt

Johannes 8,12

Da sprach Jesus wiederum zu ihnen: *Ich* bin das Licht der Welt.
Der mir folgt, soll nicht in der Dunkelheit gehen,
sondern wird das Licht des Lebens haben!

Diesmal wählt Jesus nicht ein Beispiel aus seiner begrenzten Lebenswelt, sondern ein universales Symbol: das Licht. Zu allen Zeiten und in allen Religionen spielt dieses Symbol eine herausragende Rolle. In zahlreichen Mythologien und religiösen Kulten wurde die Sonne als Gott verehrt. Licht steht für Wahrheit, für Klarheit, für Erkenntnis. Schon im Anfang sprach Gott: „Es werde Licht" und er „schied das Licht von der Finsternis" (Genesis 1,3–4). Licht ist etwas, das Leben ermöglicht. Aber Licht ist nicht nur eine physikalische und kosmische Wirklichkeit, sondern auch ein philosophischer und theologischer Begriff.

Licht und Wahrheit

Philosophisch hängt Licht eng mit Wahrheit zusammen. Das griechische Wort für Wahrheit heißt *a-létheia*, wörtlich: Un-verborgenheit, das also, was man sieht, weil es zu Tage tritt, was aus der Verborgenheit heraustritt, sich „lichtet", um es mit *Martin Heidegger* zu sagen. Wahrheit ist gelichtetes Sein, Verborgenes, das unbezweifelbar zu Tage tritt.

Einmal konnte ich im Sommer Folgendes beobachten: Der Wasserspiegel eines großen Stausees war durch anhaltende Trockenheit und durch viel Wasserverbrauch stark gesunken, und eines Tages ragte plötzlich ein Kirchturm aus dem Wasser, und ein paar Tage später wurden die Kirche und andere Gebäude sichtbar, weil der Wasserstand weiter sank. So kam „ans Licht", dass an dieser Stelle einmal ein Dorf gestanden hatte, das dem Stausee hatte weichen müssen und geflutet worden war. So etwas kann sich auch in unserer Seele ereignen: dass Dinge wieder ans Licht kommen, die wir schon lange verdrängt und vergessen haben. Und denen wir uns stellen müssen, weil sie vielleicht Leichen im Keller der Seele sind, verdrängte Wahrheit, verdrängte Schuld.

Theologisch ist Licht auch ein Ausdruck für die Wahrheit Gottes, für sein Wort, für das also, was in unserem Leben Licht von Finsternis und Wahrheit von Lüge scheidet und ein Leben in Wahrheit und Klarheit möglich macht. Das Bußsakrament ist ein solcher oft schmerzlicher Vorgang, der die finstere Seite unseres Lebens ans Licht bringt, der es am Ende aber ermöglicht, dass wir diese dunkle Seite nicht verstecken und abspalten müssen. Denn Gott kann sie durch sein Vergebungswort verwandeln. Das Johannesevangelium sagt es so:

> Dies ist das Gericht, dass das Licht in die Welt gekommen ist und die Menschen mehr die Finsternis als das Licht geliebt haben; denn ihre Werke waren schlecht. Denn jeder, der Böses tut, hasst das Licht und kommt nicht zum Licht, damit nicht seine Werke aufgedeckt werden. Der aber die Wahrheit tut, kommt zum Licht, damit seine Werke offenbar werden, dass sie in Gott gewirkt sind. (Johannes 3,19–21)

Und von diesem Licht sagt Jesus: „Ich bin es". Wieder also *vergleicht* er sich nicht nur mit dem Licht Gottes, sondern er identifiziert sich damit. Wer ans Licht kommen will, muss zu Jesus finden, muss sich ihm anvertrauen. Er wird dann auch sich selbst und die ganze Wirklichkeit in einem neuen Licht sehen. Deshalb spielen im Evangelium Blindenheilungen eine große Rolle. Das hat nichts mit augenärztlicher Heilkunst zu tun. Es geht um die Heilung des Menschen, der noch nicht von Gottes Wort erreicht worden ist. Der johanneische Jesus fasst das in ein Gleichnis:

> Hat nicht der Tag zwölf Stunden? Wenn jemand am Tag umhergeht, stößt er sich nicht, weil er das Licht dieser Welt sieht. Wenn aber jemand in der Nacht umhergeht, stößt er sich, weil das Licht nicht in ihm ist. (Johannes 11,9f.)

Der Glaubende wandelt im Licht des Tages, im Unglauben aber ist es Nacht. Im Unglauben ist man blind und tappt im Finstern. Und man geht auf das Dunkel zu; denn der Tod ist dann die allerletzte Gewissheit. Doch der Übergang von Finsternis zum Licht kann beschwerlich sein. Die Macht der Finsternis kann den Menschen zurückhalten. Der Mensch kann sich gegen das Licht wehren und muss oft mit Gott kämpfen, weil er ihn aus seiner verfinsterten Sicht als bedrohlich empfindet. Die Wahrheit kann zunächst als Bedrohung wahrgenommen werden.

Jakobs Kampf mit Gott am Jabbok

Im Alten Testament erzählt eine Geschichte von diesem Übergang von der Finsternis zum Licht. Wir können sie in Christus als erfüllt betrachten. Es ist die Geschichte vom nächtlichen Kampf Jakobs am Jabbok im ersten Buch der Bibel.

Beim jüdischen Paschamahl gibt es den Brauch, den Hüftmuskel des Paschalammes nicht mitzuessen. Ein Kind stellt dann die Frage: „Warum essen wir denn nicht dieses Stück Fleisch?“ Als Antwort darauf wird diese geheimnisvolle Geschichte erzählt:

> In derselben Nacht stand Jakob auf, nahm seine beiden Frauen, seine beiden Mägde sowie seine elf Söhne und durchschritt die Furt des Jabbok. Er nahm sie und ließ sie den Fluss überqueren. Dann schaffte er alles hinüber, was ihm sonst noch gehör-

te. Als er allein zurückgeblieben war, rang mit ihm ein Mann, bis die Morgenröte aufstieg. Als der Mann sah, dass er ihn nicht besiegen konnte, berührte er sein Hüftgelenk. Jakobs Hüftgelenk renkte sich aus, als er mit ihm rang. Der Mann sagte: Lass mich los; denn die Morgenröte ist aufgestiegen. Jakob aber entgegnete: Ich lasse dich nicht los, wenn du mich nicht segnest. Jener fragte: Wie ist dein Name? Jakob, antwortete er. Da sprach der Mann: Nicht mehr Jakob wird man dich nennen, sondern Israel – Gottesstreiter –; denn mit Gott und Menschen hast du gestritten und gesiegt. Nun fragte Jakob: Nenne mir doch deinen Namen! Jener entgegnete: Was fragst du mich nach meinem Namen? Dann segnete er ihn dort. Jakob gab dem Ort den Namen Peniël – Gottes Angesicht – und sagte: Ich habe Gott von Angesicht zu Angesicht gesehen und bin doch mit dem Leben davongekommen. Die Sonne schien bereits auf ihn, als er durch Peniël zog; er hinkte an seiner Hüfte. Darum essen die Israeliten den Muskelstrang über dem Hüftgelenk nicht bis auf den heutigen Tag; denn er hat Jakobs Hüftgelenk, den Hüftmuskel berührt. (Genesis 32,23–33)

Das also ist der Grund, warum die Juden den Hüftmuskel des Paschalammes nicht essen. Für das Judentum ist die Verankerung in der eigenen Glaubensgeschichte überaus wichtig. Alle religiösen Bräuche haben Anhalt an dieser Tradition und versuchen, sie im Heute abzubilden und zu vergegenwärtigen.

Die Geschichte erzählt davon, wie Jakob in seine Heimat Kanaan zurückkehrt, nachdem er seinen Bruder Esau um dessen Erstgeburtsrecht und um den Segen seines sterbenden Vaters Isaak betrogen hatte. Er war vor seinem Bruder geflohen und hatte dann zwanzig Jahre bei seinem Onkel und späteren Schwiegervater Laban gelebt und gearbeitet. Er heiratete dort die Töchter Labans und zeugte mit ihnen und den Mägden seiner Frauen elf Söhne und eine Tochter. Auf seiner Rückreise nach Kanaan musste er nun die tief eingeschnittene Schlucht des Jabbokflusses überqueren.

Doch diese unheimliche Erzählung ist viel älter. In ihrem Grundbestand stammt sie wohl aus vorbiblischen Zeiten und ist dann – als Vorlage – mit der Geschichte Jakobs verbunden worden; und doch ist sie so aktuell wie damals. Sie ist zugleich eine Geschichte über uns.

Diese Geschichte ist so unheimlich, weil sie sich im Dunkel der Nacht ereignet und weil Jakob es mit einem Unbekannten zu tun bekommt, der sich ihm plötzlich in den Weg stellt – ein Dämon? Ein Engel? Gott selbst? Oder der „Schatten" Jakobs, seine dunkle Seite, die ihn wegen seines Betruges am Bruder verfolgt? Jakob kennt weder seinen Namen, noch kann er ihn sehen. Er ist nicht Herr der Lage, und er hat keinen Verbündeten. Ganz allein muss er es im Dunkel der Nacht mit jener unsichtbaren, aber sehr realen Macht aufnehmen, die ihn daran hindert, voranzuschreiten.

Die Vorlage dieser Erzählung war ursprünglich wohl eine Geschichte von Wegelagerern. In alten Zeiten, als die Wege und Straßen ungesichert waren, keine Notrufsäulen den Weg säumten und Handys unvorstellbar waren, waren Reisende besonders gefährdet. Überall am Weg lauerten Gefahren und Tücken. Wegelagerer lagen im Hinterhalt und legten den Wanderern Fallstricke. Und vor allem bei Nacht witterten die Reisenden überall etwas „im Busch": Gefahren und auch böse Geister und Dämonen, von denen sie sich beschattet wähnten. Man musste ständig auf der Hut sein.

Nun wären wir ganz schön töricht, wenn wir sagten: Was haben solche Geister- und Gespenstergeschichten mit uns zu tun? Als aufgeklärte Menschen nach fast dreitausend Jahren, kann uns doch diese Geschichte nichts mehr sagen!

Bei den Wegelagerern geht es jedoch nicht um die harmlosen Taschendiebe, die uns heute auf Urlaubsreisen die Ferienfreude trüben können. Es geht überhaupt nicht um Ferienreisen, sondern um den Weg, um die Reise unseres Lebens. Wir basteln fleißig an unserer Reiseplanung fürs Leben. Und vielleicht denken wir manchmal gar nicht an all das, was uns so dazwischen kommen kann. Wegelagerer gibt es überall, in uns selbst wie auch außerhalb: Unwägbare Situationen, auf die wir völlig unvorbereitet stoßen; Menschen, mit denen wir nicht gerechnet hatten, die aber plötzlich bedrohlich und tückisch in unser Leben eintreten; ein schwerer Unfall verändert schlagartig unser Leben; ein behindertes Kind wird geboren; eine wichtige Prüfung wird verpatzt; eine hoffnungsvolle Beziehung zerbricht; die sich wandelnde Konjunktur zerstört eine Berufsperspektive; Inflation frisst unsere Ersparnisse auf. Bisweilen können auch die hohen Erwartungen, die wir an einen geistlichen Weg hegten, wie Seifenblasen zerplatzen. Schließlich können es falsche weitreichende Entscheidungen sein, die wir treffen, unerwartete Schicksalsschläge, eine ernste Krankheit, ein Todesfall, eine Kündigung. Oder eine schwere verdrängte Schuld, die auf uns lastet und sich immer wieder meldet. Dann sind es unsere Gefühle, die uns ins Schleudern bringen können. Man kann sich verrennen und sich hinter Lebenslügen verstecken. Auch die Last unserer Geschichte legt sich immer wieder quer und die Introjekte unserer Erziehung stellen uns heimtückische Fallen. Der Weg durchs Leben birgt tausend Unwägbarkeiten. Irgend etwas ist immer „im Busch“. Das ist wohl der Grund, warum unsere Lebensplanungen gewöhnlich nie aufgehen. Es sind die vielen Unbekannten wie bei einer Gleichung, die heimtückisch auf der Lauer liegen und unsere Kalkulationen als Milchmädchenrechnungen bloßlegen. Wir können sie nicht alle mit einkalkulieren. Die Unbekannten stellen sich uns einfach in den Weg – gerade dann, wenn wir nicht mit ihnen rechnen, ausgerechnet dann, wenn wir einen wichtigen Schritt tun, den Jabbok überqueren wollen, nach neuen Ufern Ausschau halten, einen neuen Lebensabschnitt beginnen möchten.

Dann liegt es nahe, die Flucht vor diesen Unbekannten zu ergreifen und unsere Verdrängungsmechanismen in Gang zu setzen. Nichts wie weg! Flucht und Sucht sind verbreitete Strategien unserer Zeit, um das loszuwerden, was sich vielleicht auch als Chance anbietet, daran zu reifen und zu wachsen. Dabei vergessen wir, dass wir nur allzu oft vor der Wahrheit flüchten und uns immer mehr im Dunkeln verlaufen.

Aber Jakob flüchtet nicht vor dem Unbekannten. Er versucht auch nicht, ihm aus dem Weg zu gehen. Er nimmt die Herausforderung an und stellt sich dem Kampf gegen die dunkle Macht, die seine Zukunft bedroht. Seine Frauen, seine Mägde, seine Söhne und sein ganzes Hab und Gut hat er schon ans andere Ufer geschafft. Die elf Söhne werden später noch um Benjamin ergänzt werden und die zwölf Stammväter Israels sein. Jakobs Zukunft und die Zukunft seines Volkes ist bereits am anderen Ufer des Jabbok. Und nun, da er nachkommen will, da stellt sich ihm im Dunkeln dieser Unbekannte in den Weg. Jakob ist allein zurückgeblieben. Alle Züge scheinen abgefahren zu sein. Er scheint den Anschluss zu verpassen und muss sich erst einmal auseinandersetzen mit dem Unbekannten, den er nicht kennt und nicht sieht, der sich ihm aber höchst real in den Weg stellt und seine Zukunft bedroht.

Unsere Vergangenheit bewältigen

So ringt Jakob die ganze Nacht mit diesem Unbekannten. Es ist, wie wenn wir uns erst einmal – bevor wir den nächsten Schritt tun – auseinandersetzen müssen mit den unaufgearbeiteten Geschichten, die uns einholen und uns zurückhalten: mit unseren Eltern, mit unserer Erziehung, mit uns selbst und unserer Geschichte. Bei Jakob kann es die Schuld gegenüber dem Bruder gewesen sein, die ihn einholte. In unserem Volk ist es heute wieder das Gespenst unserer noch ungenügend aufgearbeiteten nationalsozialistischen Vergangenheit, das sich uns in Form von Rechtsradikalismus, in Form von brutaler Ausländerfeindlichkeit in den Weg stellt und die Zukunft zu verstellen scheint. Erst müssen wir uns damit auseinandersetzen, bevor der Weg in die Zukunft wieder frei wird.

Die Geschichte von Jakobs Kampf am Jabbok ist uralt. Wie gesagt, sie ist ursprünglich vorbiblisch. Sie muss sehr beliebt gewesen sein, weil sie so viel über den Weg des Menschen erzählt, über die vielen Unbekannten, über den Kampf mit der eigenen Vergangenheit und mit den Wegelagerern des Lebens.

Mit Gott ringen

Weil diese Geschichte so beliebt war, hat sie auch Eingang in die Bibel gefunden. Doch der Redaktor hat sie überarbeitet. Der Unbekannte, der sich Jakob in den Weg gestellt hat, fragt ihn nach seinem Namen. Jakob nennt ihn. Doch dann gibt der Unbekannte Jakob einen neuen Namen:

> Nicht mehr Jakob wird man dich nennen, sondern Israel (Gottesstreiter); denn mit Gott und Menschen hast du gestritten und gesiegt. (Genesis 32,29)

Der biblische Redaktor deutet die alte Geschichte neu. Danach hätte Jakob mit Gott gekämpft und gerungen. Und bei aufsteigender Morgenröte, da die Nacht sich lichtet, bittet Jakob diesen Unbekannten um seinen Segen – und erhält ihn. Alle Zukunft Jakobs scheint in diesem Kampf mit Gott zu liegen, in der Auseinandersetzung mit dem Willen Gottes, im Ringen um die Zukunft.

In den Tagebüchern des von Papst *Johannes Paul II.* in Berlin selig gesprochenen *Karl Leisner*, der während des Krieges im KZ Dachau heimlich zum Priester geweiht wurde, lesen wir von einem ähnlichen Kampf. Karl Leisner war als junger Mann nach Freiburg gegangen, um dort Theologie zu studieren. Er wollte Priester werden. Doch dann verliebte er sich unsterblich in eine junge Frau. Er musste sich zwischen zwei guten Möglichkeiten für sein Leben entscheiden: Ehe oder Priestertum. Er hat das wie einen Kampf auf Leben und Tod erlebt. Er hat gerungen und sich schließlich dazu durchgerungen, Priester zu werden. Doch dafür musste er eine andere, ebenfalls wertvolle Möglichkeit aufgeben. Er hat den Kampf gewonnen und war doch verletzt – wie Jakob.

Ich bin davon überzeugt, dass solches Ringen notwendig ist. Und dass man auch mit Gott ringen muss, um seinen Weg zu finden. So wurde Leisner denn auch fähig, Widerstand zu leisten gegen die verbrecherische finstere Naziherrschaft.[23] So lichtet sich menschliches Leben.

Im Glauben ist es Gott, der sich uns in vielen Unwägbarkeiten des Lebens in den Weg stellt. Nicht um die Zukunft zu versperren, sondern um sie überhaupt erst möglich zu machen. All die Unwägbarkeiten, die vielen Unbekannten deuten viele als einen Anruf Gottes. Wir sollen ihm nicht aus dem Weg gehen, sondern uns ihm stellen. Nicht flüchten, sondern standhalten! Erst so wird unser Glaube reif und erwachsen. Erst so wird es möglich, den Jabbok unseres Lebens zu überschreiten, d. h. unsere eigenen engen Grenzen zu überwinden, über uns selbst hinauszugehen und hinauszuwachsen, von uns wegzugehen, uns von uns selbst zu unterscheiden. Das meint der neue Name, den Jakob erhält. Eben eine neue Identität. Gott führt uns nur über Widerstände in die Weite, über Widerstände, die angegangen sein wollen. Zurückweichen vor der Schwere und den Herausforderungen des Lebens ist also nicht der Weg, der weiterführt. Darin liegt kein Segen. Der Segen ist, dass wir neu definiert werden, unsere wahre Identität bekommen, einen neuen Namen, den wir uns nicht selbst geben. Der Segen ist, dass wir im Kampf mit uns selbst und mit Gott uns selbst in Christus wiederfinden und Christus in uns.

Am Morgen, als das Dunkel überwunden und der Kampf gekämpft ist – die Sonne scheint wieder! –, da hinkt Jakob. Der Kampf, das Ringen um seine Zukunft hat ihn verwundet, hat ihn an der Hüfte verletzt, hat ihn gezeichnet. Er ist geschlagen und doch nicht *er*schlagen. Die Begegnung mit Gott hat ihn gezeichnet. Es ist nicht möglich, Gott zu begegnen und unverändert zu bleiben. Die Begegnung mit Gott verändert den Namen, gibt eine neue Identität und hinterlässt Spuren in uns.

Wer noch nicht mit Gott gerungen hat, ist ihm vermutlich noch gar nicht begegnet. Wer sich auf die Begegnung mit Gott einlässt, geht als ein anderer daraus hervor. Es gibt keine Geschichte mit Gott, bei der man in Watte eingepackt bleiben kann oder wie in einer Frischhaltepackung, die ein langes Haltbarkeitsdatum trägt. Unser Gott ist kein Gott, den wir uns nach unseren Wünschen zurechtmachen und der uns unbehelligt lässt. Er segnet nicht einfach so unseren Weg ab. Gott ist widerständig. Er stellt sich quer. Sich Gott stellen, tut auch zunächst weh. Die Begegnung mit Gott stellt unser Leben in Frage, löst Ringen und Kämpfen aus, auch gegen unsere Trägheit und gegen unsere selbstverständlichen Gewohnheiten. Ein Gott, der keinem weh tut, tut auch keinem gut. Der wäre wie ein Teddy, den man mal so zu sich nimmt und dann wieder wegstellt. Gott aber will nichts beim Alten lassen. Der Segen und die Verheißung liegen auf der Begegnung mit diesem Gott, der uns herausfordert, zur Umkehr ruft und der in den Herausforderungen des Lebens an uns herantritt. Der Ruf Jesu zur Umkehr und zum Umdenken will uns aus unseren Sackgassen herausführen ins Licht. Er segnet nicht jeden Lebensweg ab. Ein Beispiel ist die Geschichte vom reichen Jüngling:

> Und als Jesus auf den Weg hinausging, lief einer herbei, fiel vor ihm auf die Knie und fragte ihn: Guter Lehrer, was muss ich tun, um das ewige Leben zu erben? Jesus sagte ihm: Was nennst du mich ‚gut'? Keiner ist gut außer einer, Gott. Die Gebote kennst du: Du sollst nicht morden, du sollst nicht ehebrechen, du sollst nicht stehlen, du sollst kein falsches Zeugnis geben, du sollst nicht vorenthalten, ehre deinen Vater und deine Mutter! Der sagte ihm: Lehrer, alles das habe ich von meiner Jugend an eingehalten. Jesus schaute ihn an und gewann ihn lieb und sagte ihm: Eines fehlt dir: Geh hin: Alles, was du hast,

verkaufe und gib den Armen, und du wirst einen Schatz im Himmel haben; und hierher, folge mir! Der wurde bei dem Wort traurig und ging betrübt weg. Denn er hatte vielen Besitz. Und Jesus schaut ringsum und sagt seinen Jüngern: Wie schwierig werden die, welche die Reichtümer haben, in das Königtum Gottes eintreten. (Markus 10,17–23)

Jesus läuft dem Mann nicht nach, obwohl er ihn liebgewann. Er lockert nicht die Zugangsbedingungen für die Nachfolge. Er lässt ihn gehen. Die Gnade der Nachfolge ist nicht billig. Sie fordert etwas. Das Herz des Mannes hing am Reichtum. Und woran wir unser Herz hängen, das ist unser Gott. Aber ewiges Leben und Vollendung schenkt er nicht. Auch dies gehört zur Botschaft Jesu: die Menschen von ihren Göttern und Idolen zu befreien. Sich auf diesen Ruf Jesu einlassen, heißt deshalb, sich vom Leben auch verwunden lassen, sich von Menschen verbrauchen und sich von fremden Schicksalen aufzehren lassen. Man kann nicht Christ sein und zugleich reich und unverwundet und unverbraucht und ewig jung durchs Leben gehen.

Wo begegnen wir diesen Herausforderungen? Wenn wir die Probleme an uns heranlassen und ihnen nicht aus dem Weg gehen oder die einfachen Lösungen suchen. Die Obdachlosen auf unseren Straßen und in unserer Nachbarschaft sind eine solche Herausforderung. Auch die vielen Migranten, die bei uns Heimat suchen. Die *queeren* Menschen, die sich in ihrer Kirchengemeinde nicht als willkommen erfahren. Oder die Menschen, die Gott suchen und ihn nicht finden können, die um den Glauben ringen, weil niemand ihnen den Glauben verständlich macht.

Der Blick auf den gekreuzigten Christus zeigt das ganze Drama eines Lebens, einer Lebensgeschichte mit Gott. So und eigentlich nicht anders sieht sie aus. Aber darin liegt der Segen und die Zukunft. Nur wer mit diesem Gott ringt – wie Jakob am Jabbok und wie Jesus am Ölberg –, der schafft auch den Übergang über den Jabbok, das *Pascha*, den Übergang vom Tod zum Leben.

Bei unserer christlichen Paschafeier, bei der Eucharistie, essen wir das Lamm ganz: den ganzen Christus. Wir lassen keinen Hüftmuskel aus. Denn dann könnten wir gar nichts davon essen.

Aber essen ist leicht – man kann die Eucharistie auch vernaschen, ohne Gott darin zu begegnen. Das Schwere ist, sie zu verdauen, d. h. sich von ihr zu nähren und aufbauen zu lassen, sich von ihr Identität geben zu lassen. Das ist wohl der Grund, warum die Juden den Hüftmuskel des Lammes nicht essen. Was von Gott berührt wurde, ist schwer verdaulich. Wer davon isst, hinkt selber. Aber wer hinkt, hört auf, immer nur flotte Fluchtwege zu gehen. Er hat die Zukunft vor sich. Und den Segen Gottes dazu.

Erfüllt ist diese Geschichte durch Christus, weil Jesus endgültig dieses Licht und die Wahrheit Gottes in unser Leben gebracht hat, nämlich dass wir Gemeinschaft mit Gott haben. Er reflektiert dieses Licht nicht nur; er *ist* es: „Christus ist das Licht Völker" (2. Vatikanisches Konzil, *Lumen gentium* 1). Er ist der Mensch, der ganz klar und wahr als Licht in der Finsternis leuchtet (vgl. Johannes 1,5) und in dem auch unser Leben zur Wahrheit kommt und damit in das Geheimnis Gottes eintritt:

> Er war das wahre Licht, das jeden Menschen erleuchtet, indem es in die Welt kommt. (Johannes 1,9)

Ein Christ, eine Christin ist, wer sich vom Licht Christi bescheinen und erleuchten lässt.

Wie phosphoreszierende Steine

Dass auch wir berufen sind, in diesem Licht zu wandeln und daran zu partizipieren, sagt Jesus ausdrücklich im Matthäusevangelium: „Ihr seid das Licht der Welt" (5,14). Seine Identität wird zu unserer Identität. Psalm 36,10 formuliert das mit außerordentlicher Einfachheit:

> In dir, Herr, ist die Quelle des Lebens. In deinem Licht schauen wir das Licht.

Man muss sich selbst vom Licht Christi beschienen wissen, um sein Licht zu erkennen und sein Licht zu reflektieren. Man muss sich sagen lassen, dass wir nicht nur geschaffen, sondern von vornherein „in Christus" geschaffen sind (vgl. Kolosserbrief 1,16). Dieses „in Christus" unseres Geschaffenseins bliebe ohne Gottes Wort völlig verborgen. Es wird uns durch Christus „offenbar". Christen sind wie phosphoreszierende Steine. Bei einem solchen Stein ist es zunächst verborgen, dass er die Fähigkeit hat, zu leuchten. Erst wenn Licht darauf fällt, tritt diese Fähigkeit zutage. So ist es auch mit den Christen. Wenn sie sich dem Licht Christi aussetzen, entsteht auch in ihnen Leuchtkraft, wird also eine wichtige Dimension unseres Menschseins an den Tag gebracht: Licht zu werden für die, die im Finstern wandeln. Das macht christliche Identität aus.

Die Kirche im Zwielicht

Von der Kirche heißt es in der Lehre des letzten Konzils:

> Da Christus das Licht der Völker ist, wünscht diese im Heiligen Geist versammelte Hochheilige Synode dringend, alle Menschen durch seine Herrlichkeit, *die auf dem Antlitz der Kirche widerscheint*, zu erleuchten, indem sie der ganzen Schöpfung das Evangelium verkündet. (*Lumen gentium* 1,1)

Einzig Christus ist das Licht der Völker. Auf dem Antlitz der Kirche scheint es wider, so wie das Sonnenlicht auf dem Antlitz des Mondes widerscheint. Als dieser Widerschein soll das Licht Christi in die ganze Welt strahlen.

Vielen Menschen fällt es sehr schwer, das Licht Christi auf dem Antlitz der Kirche zu erkennen. Die Kirche ist ins Zwielicht geraten; man könnte sogar von einer Kirchenfinsternis reden. Viele Skandale um Amtsträger der Kirche, vor allem der Missbrauchsskandal, haben das Antlitz der Kirche verfinstert. Das Böse ist tief in die Kirche eingedrungen. Der Ruf nach Reformen und Strukturveränderungen ist laut geworden. Doch welche Reformen? Darüber herrscht keine Einmütigkeit – zumindest bisher noch nicht. Wie soll man die Kirche vom Bösen reinigen? Kann es eine vollkommene Kirche geben? Ist sie nicht eine Kirche aus Sündern?

Die Kirchenväter sprachen vom *Mysterium lunae*, vom Geheimnis des Mondes. Denn auch der Mond reflektiert nicht immer das Licht der Sonne. Mal ist er ganz von ihrem Licht erfüllt und erhellt unsere Nächte, dann nimmt das Licht wieder ab, bis es an Neumond nicht mehr zu sehen ist. Auch zur Zeit der Kirchenväter lief in der Kirche nicht alles rund. Skandale, Uneinigkeiten, Konflikte und Spaltungen gab es schon damals. Die Väter wollten sagen: So wie beim Mond ist es auch mit der Kirche. Das Licht Christi widerstrahlt nicht immer voll auf ihrem Antlitz. Zwar ist es bei der Kirche nicht ein Naturgesetz wie beim Mond, aber offensichtlich verändert sich auch die Kirche mal zum Finstern und mal zum Hellen.

Die Kirche kann das Licht Christi nicht aus sich selbst hervorbringen. Wie ein phosphoreszierender Stein von einer Lichtquelle abhängig ist, bleibt sie darauf angewiesen, sich von Christi Licht bescheinen zu lassen, so dass ihre Fähigkeit zu leuchten wieder zutage tritt. Sie muss sich zuerst geistlich erneuern, sich dem Licht Christi wieder aussetzen und sich selbst das Evangelium wieder verkünden lassen, bevor sie es der Welt verkündigen kann. Dafür muss sie eine hörende Kirche sein, die das Wort Gottes mehr und mehr verinnerlicht und so fähig wird, das Licht Christi weiterzugeben.

Nun sagt Johannes 1,9 nicht nur, dass das wahre Licht Christi nur die Christen erleuchtet, sondern „jeden Menschen“. Das sind auch die Anhänger der nichtchristlichen Religionen. Das Zweite Vaticanum weitet das kühn auch auf jene Religionen aus. In der Erklärung *Nostra aetate* über die Haltung der Kirche zu den nichtchristlichen Religionen heißt es:

> Die katholische Kirche verwirft nichts von dem, was in diesen Religionen wahr und heilig ist. Mit aufrichtiger Hochachtung betrachtet sie jene Handlungs- und Lebensweisen, jene Gebote und Lehren, die, auch wenn sie von dem, was sie selbst festhält und vorlegt, in vielem Abweichen, nicht selten dennoch *einen Strahl jener Wahrheit wiedergeben, die alle Menschen erleuchtet (referunt tamen radium illius Veritatis, quae illuminat omnes homines)*. (*Nostra aetate*, 2,2)

Hier wird nicht nur gesagt, dass es Wahres und Heiliges in den nichtchristlichen Religionen gibt. Die Feststellung, dass die anderen Religionen „einen Strahl jener Wahrheit wiedergeben, die alle Menschen erleuchtet“ ist eine klare Anspielung auf Johannes 1,9. Im ursprünglichen lateinischen Text ist zudem „*veritas*“ (Wahrheit) großgeschrieben. Es kann nur Christus meinen. Christen können die anderen Religionen also auch als einen Widerschein Christi betrachten. Christus ist offenbar auch in den anderen Religionen am Werke. Wenn z. B. der Koran in fast jeder Sure von der Barmherzigkeit Gottes spricht, dann können Christen dem nur zustimmen. Diese Barmherzigkeit aber muss mit Gott identisch sein. Denn sonst wäre sie nur etwas Geschaffenes, von Gott Verschiedenes und könnte nicht unser Heil begründen. Gottes Barmherzigkeit muss aus christlicher Sicht Christus sein. So können Christinnen und Christen die Stimme Christi auch aus dem Koran hören. Dies anzuerkennen, ist eine große theologische Würdigung des Islam.[24]

Ich bin das Brot des Lebens

Johannes 6,35

Jesus sagte zu ihnen: „*Ich* bin das Brot des Lebens.
Wer zu mir kommt, soll nicht hungern,
und wer an mich glaubt, soll niemals dürsten.“

Wieder identifiziert sich Jesus mit einer irdischen Wirklichkeit, mit dem Brot. Brot ist zum Essen da. Es nährt den Leib und baut ihn auf. Brot ist Frucht der Erde und der Arbeit vieler Menschen, einer ganzen Kette von Arbeitsschritten vom pflügenden und säenden Bauern bis zum Bäcker. Es ist gestaltete Natur und somit ein Kulturprodukt. Durch seine Arbeit macht der Mensch die Frucht der Erde genießbar.

Brot ist bei vielen Völkern unseres Kulturkreises zu einem Symbol für alle Lebensmittel und für den Lebensunterhalt geworden. Man muss sein „Brot“ verdienen. Es gibt „brotlose Kunst“ und es gibt „Brotberufe“, die den Lebensunterhalt sichern.

Um den Lebensunterhalt geht es auch in diesem johanneischen Ich-bin-Wort. Doch um den Unterhalt welchen Lebens? Es geht um das Leben, das im Johannesevangelium immer wieder Thema ist: „Ich bin gekommen, damit sie Leben haben und es im Übermaß haben“ (10,10). Es geht um das göttliche Leben, um ein Leben, das niemand sich selbst geben und für das niemand die Nahrung beschaffen kann. Es geht um das Leben Gottes selbst. Dazu wird uns ein Brot gereicht, das kein Bäcker auf Erden backen kann.

In der Eucharistiefeier wird Christus in unserer Mitte als Brot, als Nahrung, als Lebensmittel real gegenwärtig:

> Ich bin das Brot des Lebens. Eure Väter haben in der Einöde das Manna gegessen und sind gestorben. Dieses ist das Brot, das vom Himmel herabsteigt, auf dass einer von ihm isst und nicht stirbt. (Johannes 6, 48–50)

Es geht im tiefsten um Verinnerlichung. Gemeint ist nicht das Verinnerlichen einer Lehre, einer Meinung oder einer Theorie. Christus selbst will von uns verinnerlicht werden. Indem er sich als Brot des Lebens bezeichnet, sagt er, dass wir ihn in unser Innerstes aufnehmen, ja, von ihm leben können. Es geschieht also praktisch das Ineinanderkommen von Mensch und Christus. Was im Wort vom Weinstock das Bleiben, das Ineinander-Verweilen und Ineinander-Sein heißt, das wird in der Aufnahme des Brotes des Lebens praktisch und ganz persönlich vollzogen: erst im Glauben, im Annehmen des Wortes Gottes, und dann in der Eucharistie als Ausdruck dafür, dass wir das Wort Gottes angenommen haben. Der Empfang der Eucharistie wird geradezu zum leiblichen Ineinandersein von Christus und den Christen. Es ist also nicht nur eine geistige Verbundenheit, die den Leib nicht beträfe. Vielmehr ist der Mensch mit Haut und Haaren, also gerade mit dem, was vergänglich an ihm ist, einbezogen in dieses Ineinander-Bleiben. Der Glaubende und Christus sind leibs- und blutsverwandt geworden.

Im Tiefsten haben wir es mit Gott selbst zu tun. Christus als das ewige Wort des Vaters ist die Gott und Welt verbindende Wirklichkeit. Denn

> nicht dass jemand den Vater gesehen hat; nur der bei Gott ist, der hat den Vater gesehen. (Johannes 6,46)

Deshalb ist Jesus das Brot, das Gott gibt, „das Brot Gottes“ (Johannes 6,33). Dieses Brot wird im Glauben an das Wort aufgenommen. Denn „wer glaubt, hat ewiges Leben“ (Johannes 6,47). Die Tradition nennt das die *manducatio spiritualis*, also das geistliche Essen im Glauben. Bereits durch sein Wort lebt Christus in uns. Wer sein Wort im Glauben aufnimmt und es verinnerlicht, der hat bereits Christus verinnerlicht. Er ist das Brot, das Gott gibt. Wir werden durch Christus in Gott hinein vermittelt, in dessen Gegenüber zum Sohn.

Aber das Johannesevangelium kennt noch eine zweite Form der Verinnerlichung Christi im Glaubenden:

> Das Brot, das *ich* geben werde, ist mein Fleisch für das Leben der Welt. (Johannes 6,51c)

Gott hat seinen Sohn gegeben als Brot des Lebens. Nun gibt der Sohn sein Fleisch, also sein Leben, für das Leben der Welt. Hier ist die eucharistische Wirklichkeit angesprochen. Es geht um die *manducatio sacramentalis*, um das sakramentale Essen. Einen stärkeren Ausdruck für die Verinnerlichung Christi kann es nicht geben. Hier geschieht das Ineinander von Mensch und Christuswirklichkeit. Der Mensch trägt Christus in sich und Christus trägt den Menschen in sich. Der Glaubende wird so mehr und mehr mit der Christuswirklichkeit verwoben und in sie einbezogen. Christus und Glaubender gehören untrennbar zusammen. Hier wird das Wort des hl. *Augustinus* leiblich erfahren: Gott ist „*interior intimo meo*“, also innerlicher als mein Innerstes.

Die Eucharistie ist es wert, dass man sein ganzes Leben diesem Geheimnis weiht: als Priester, als Ordensleute, als Gläubige, die Jesus über alles lieben. Denn die Eucharistie ist das Allerkostbarste, das der Herr uns anvertraut hat: sein Fleisch und Blut.

In der Eucharistie wird Christus so von uns verinnerlicht, dass Gott in uns die Gestalt seines Sohnes sieht und uns anschaut, wie er von Ewigkeit her seinem Sohn zugewandt ist. Als Christen dürfen wir uns so angeschaut wissen wie der Sohn. Wir finden ihn in uns und uns in ihm. Das gilt nicht nur für den Einzelnen, sondern für die Kirche als Gottes Volk: Sie ist in paulinischer Sprechweise der „Leib Christi". Sie verkörpert Christus in der Welt und verkündet ihr, dass nicht nur die Kirche, sondern die Menschheit als ganze, ja, die gesamte Welt einbezogen ist in das Verhältnis des Vaters zum Sohn und so in das Geheimnis Gottes selbst.

Deshalb geht es hier nicht nur um ein individuelles Geschehen. Im Gegenteil, unser Individualismus wird aufgebrochen und weitet sich in den Raum der Kirche und sodann in den der ganzen Menschheit. Der Christus in mir ist auch der Christus im Bruder und in der Schwester neben mir. Deshalb ist die Eucharistiefeier ein Gemeinschaftsmahl. Der Kreis um Christus soll immer größer und weiter werden und sich schließlich auf alle Menschen ausdehnen. Es geht um die Verwandlung der Welt und des ganzen Kosmos. Das Brot wird in die Christuswirklichkeit verwandelt, und die Christuswirklichkeit wird Brot und Nahrung. Der Glaube lebt von Jesus selbst, so wie unser Leib von irdischer Nahrung lebt. In der Eucharistie bekennen wir, was die Bestimmung der ganzen Welt ist. Im eucharistischen Brot ist bereits ein kleines Stück Welt in die Christuswirklichkeit verwandelt; in der feiernden Gemeinde wird ein Teil der Menschheit, die Kirche, zum Leib Christi. Sie ist die Präsenz Christi in und für die Welt, wie Paulus schreibt:

> Denn die Sehnsucht der Schöpfung erwartet die Offenbarung der Kinder Gottes. Denn der Vergeblichkeit wurde die Schöpfung unterworfen – nicht aus ihrem Willen, sondern durch den, der sie unterworfen hat auf Hoffnung hin: Auch sie, die Schöpfung, wird von der Knechtschaft der Verderblichkeit be-

freit werden zur Freiheit der Herrlichkeit der Kinder Gottes. Denn wir wissen: Bis jetzt stöhnt die ganze Schöpfung mit und liegt in Wehen. (Römerbrief 8,19–22)

Die Eucharistiefeier darf deshalb nie beschränkt werden auf ein lediglich individuelles Einswerden mit Christus. Die eucharistische Wandlung ist etwas, das wir für die ganze Menschheit erhoffen. Selbst ein monastisches oder ein Einsiedlerleben bedeutet kein Sich-Abschließen von der Welt, sondern ist selbst Ausdruck von Verwandlung und Wandlungsfähigkeit der ganzen Menschheit. Deshalb werden in den Fürbitten auch die Anliegen der Welt – des Bereiches *unserer* Verantwortung – vor Gott getragen. Das entspricht dem Wunsch und der Sehnsucht, dass die Geburtswehen der Welt ihre Erfüllung in der Erlösung und in der Befreiung finden.

Wandlung – Transsubstantiation

„Ich bin das Brot des Lebens." „Transsubstantiation" nennt man theologisch die Wandlung in der Eucharistie. Für den Glauben wird die *„substantia"*, also die Wirklichkeit des Brotes, verwandelt in die Christuswirklichkeit und bleibt doch äußerlich für die Sinne unverändert. Das heißt: das verwandelte Brot bleibt Nahrung. Zuvor war es Nahrung für den Leib und jetzt ist es Nahrung für den Glauben geworden, für den Glauben, dass wir in Christus sind und durch ihn eingeborgen in das Leben Gottes selbst.

Wie sollen wir diese Wandlung der Wirklichkeit verstehen? Ist es Zauberei?

Nun, es gibt bereits in unserem zwischenmenschlichen Leben Momente, in denen Wirklichkeit sich wandelt. Nehmen wir einen Liebesbrief, den ein junger Mann an seine Verlobte auf ein beliebiges Blatt Papier schreibt und zur Post bringt. Wenn seine Geliebte diesen Brief erhält, ist er für sie doch nicht mehr ein Blatt Papier.

Sie liest den Brief immer wieder. Sie geht sorgsam damit um, legt ihn in eine schöne Mappe mit anderen Briefen. Die Liebe ihres Bräutigams wird darin für sie real präsent. Auch wenn chemisch betrachtet der Brief ein Stück Papier bleibt – für seine Empfängerin ist er wirklich etwas anderes. Sie würde diesem Brief nicht gerecht, wenn sie ihn als ein Stück Papier betrachtete. Es gibt also so etwas wie eine Seinswandlung schon im zwischenmenschlichen Bereich. Eine Wirklichkeit wandelt sich durch die sinnstiftende Intentionalität von Menschen. Ähnlich ist es mit Geschenken, die Menschen einander machen. Wenn ein kleines Kind seiner Mutter zum Geburtstag einen Strauß Löwenzahnblumen, die es auf einer Wiese gepflückt hat, mit den Worten überreicht: „Für dich, Mutti, zum Geburtstag!", dann wird die Mutter sicher nicht erwidern: „Was soll ich mit dem Unkraut?" und ihrem Kind damit weh tun. Sie wird den Strauß als Ausdruck seiner Liebe in eine schöne Vase tun. Nur so wird sie der Gabe und dem Geber tatsächlich gerecht. Die Kostbarkeit dieser Gabe zeigt sich nicht in der Botanik, sondern in der Liebe des Kindes, das sich in diesen Blumen manifestiert. Diese sind dadurch wirklich etwas anderes geworden. Das erklärt auch, warum wir mit der Eucharistie so überaus sorgsam umgehen, keinen Krümel verlorengehen lassen, sie in kostbaren Gefäßen im Tabernakel aufbewahren, sie mit Weihrauch verehren und das Knie davor beugen. Wir können damit nicht umgehen wie mit einem beliebigen Bissen Brot. Das verlangt unsere Gegenliebe. Denn die Eucharistie ist die Selbstgabe des Herrn.

In einer zwischenmenschlichen Gabe steckt immer der Wunsch, etwas von sich zu schenken. Wir Menschen können aber mit unseren Geschenken – außer vielleicht in der Ehe – nicht völlig identisch mit unseren Gaben werden. Wenn Jesus sich uns aber in der Eucharistie schenkt, dann identifiziert er sich vollständig mit seiner Gabe. Er schenkt *sich.* Das Brot ist nun nicht mehr Brot, sondern seine Selbstgabe.

Zur Erkenntnis Jesu zu gelangen, heißt nicht, möglichst viele historische Informationen über ihn zusammenzutragen. Die historisch-kritische Forschung ist zwar wichtig und auch unerlässlich, um das Phänomen Jesus von einem Mythos zu unterscheiden und Jesus wirklich geschichtlich zu verankern. Aber eine Begegnung mit ihm kommt nicht zustande durch solche Informationen, die man auch ohne Glauben haben und annehmen kann. Jesus war ein Mann aus Galiläa, er lebte vor 2000 Jahren in einem unruhigen Gebiet am Rande des römischen Reiches. Von den ersten dreißig Jahren seines Lebens ist uns so gut wie nichts bekannt. Erst dann trat er an die Öffentlichkeit. Er hatte keine besondere Bildung. In der unruhigen und apokalyptisch aufgeheizten Zeit schloss er sich keiner der extremistischen politischen Gruppen der *Zeloten* an.[25] Auch entschied er sich nicht für den Mittelweg der Pharisäer oder der esoterischen Essener. Nach einem kurzen Anschluss an die Bewegung Johannes des Täufers, distanzierte er sich wieder davon und blieb allein und ging seinen eigenen Weg als eine Art Wanderprediger. Dabei sammelte er einige Anhänger um sich. Er empfand Zuneigung zu den einfachen Leuten ohne Schulbildung auf dem Lande, die ein hartes und entbehrungsreiches Leben führten. Er vermochte sie eine Zeit lang durch seine Reden und sein Tun zu begeistern und mit Hoffnung zu erfüllen. Dabei geriet er in einen Konflikt mit seiner Religion, weil er sich weder dem politischen *status quo* noch der Instrumentalisierung seiner Religion für die Aufrechterhaltung der gesellschaftlichen Verhältnisse anpasste. Bei einem Besuch in Jerusalem eskalierte dieser Konflikt. Er wurde unter dem römischen Statthalter *Pontius Pilatus* von den Römern, die von den religiösen Autoritäten seines Volkes aufgehetzt waren, schließlich gekreuzigt wie Tausende andere. Diese entehrende Art der Hinrichtung war durch die Römer Ausländern und Sklaven vorbehalten.[26]

Dies sind die historischen Fakten, die wir erheben können und die auch jeder Nichtglaubende akzeptieren kann. Erheben kann man auch, dass dieser eine Mann nach seinem Tode nicht in Vergessenheit geriet, sondern weiterhin Menschen inspirierte und in Bewegung brachte, die sich zu ihm bekannten und in ihm den Christus erkannten.[27]

„Tut dies zu meinem Gedächtnis"

Doch die Eucharistie ist nicht nur Erinnerung an diese historische Gestalt, wenngleich sie auch diese Geschichte erzählt und an sie gebunden bleibt. In der Gedächtnisfeier der Eucharistie wird Jesu Sein, sein göttliches JHWH-Sein für uns gegenwärtig: seine Lebenshingabe für uns. Sie weckt im Glaubenden Gegenliebe. In der Eucharistiefeier ist der Herr nicht ohne sein Opfer da. Darauf verweist die zerbrochene Brotsgestalt: „Seht, das Lamm Gottes!" Jesus zerbrach an unseren Verhältnissen in der Welt. Er wurde Opfer der Bosheit und des Unglaubens von Menschen. Dies verkünden wir in jeder Feier des Messopfers: „Deinen Tod, o Herr, verkünden wir." Indem wir so rufen, erzählen wir implizit auch die Schuldgeschichte der Menschheit, die vielen unzählbaren Opfer in der Geschichte und auch in der Gegenwart. Die vielen, die zugrunde gehen an ungerechten Lebensverhältnissen, die Opfer der Politik, der Wirtschaft und auch der Religion geworden sind und um ein menschenwürdiges Leben betrogen werden – Tag für Tag.

„Deine Auferstehung preisen wir"

Doch am dritten Tag nach seinem Tod am Kreuz begegnete der Gemarterte und Gekreuzigte nach dem Neuen Testament den befreundeten Frauen, die sein Grab besuchten, und danach den

Jüngern als der Lebendige. Er ist nicht im Tod geblieben, sondern auferweckt und wird überall dort als lebendig erfahren, wo zwei oder drei in seinem Namen versammelt sind. Das ist die Osterbotschaft, aus deren Verkündigung die Kirche hervorgegangen ist. Die zahlreichen Ostergeschichten in den Evangelien bezeugen diese Erfahrung der Jünger und der Frauen mit dem Auferstandenen: am Grab mit Maria Magdalena, auf dem Weg nach Emmaus mit zwei Jüngern, vor den versammelten Aposteln und in der Begegnung mit Thomas. Und bereits der römische Hauptmann, der an der Kreuzigung Jesu mitbeteiligt war, bekennt unmittelbar nach dessen Tod: „Wirklich, dieser Mensch war Gottes Sohn!" (Markus 15,39) Dieser römische *Centurio*, ein Heide, kann als der erste Osterzeuge im Neuen Testament gelten. Denn es macht keinen Sinn, Jesus als Sohn Gottes zu bekennen, dann aber dem Tod eine größere Macht über ihn zuzuschreiben. Paulus schreibt: „Der Tod herrscht nicht mehr über ihn" (Römerbrief 6,9). Gegen Gemeinschaft mit Gott kann auch der Tod nichts mehr ausrichten.

Wenn wir von Jesu „Auferstehung" oder „Auferweckung" sprechen, dann verwenden wir Bilder aus unserer Erfahrung: Aufwachen, aufgeweckt werden und aufstehen aus dem Schlaf. Tatsächlich aber handelt es sich bei Jesu Auferstehung um etwas, das genauso unbegreiflich ist wie Gott selbst. Wir können es uns nicht vorstellen. Auch von unserer Hoffnung auf Auferstehung gilt, was Paulus in seinem ersten Brief an die Korinther schreibt:

> Doch wie geschrieben steht: Was kein Auge gesehen und kein Ohr gehört hat, und in kein Menschenherz aufgestiegen ist, was Gott denen bereitet hat, die ihn lieben. (2,9)

Es geht nicht um eine (vielleicht vorstellbare) Wiederbelebung eines Leichnams im Grab, sondern um ein völlig unbegreifliches Geschehen in Gott, das sich nur dem Glauben erschließt. Man hätte den Auferstandenen sicher nicht fotografieren können. Ist

Jesus dann doch nicht *leiblich* auferstanden? Wie ist diese Leiblichkeit zu verstehen?

Jesus hat sein Menschsein im Tod nicht abgestreift. Zu einem wahren Menschsein gehört auch sein Leib, derselbe Leib, als der Jesus sein irdisches Leben gelebt hat. Der Fundamentaltheologe *Peter Knauer* drückt das so aus: „Die Leiblichkeit seiner Auferstehung besteht zunächst darin, dass der *irdische, leibliche* Jesus der in Gott für immer uns gegenwärtige Grund unseres Heils ist."[28]

Dabei unterscheidet man zwischen Leib und Körper; diese sind nicht einfachhin dasselbe. Der Körper erneuert sich im Laufe des Lebens mehrfach, der Leib aber bleibt ein Leben lang derselbe. Ich *bin* mein Leib. Leib ist das, worin eine Person in Erscheinung tritt, sich anderen mitteilt, kommuniziert. Man kann ein kleines Stück von sich mitteilen. Man kann sich aber auch ganz und gar hingeben, etwa in der ehelichen Gemeinschaft. Aber nie ohne Leib.

Dieser steht für unsere ganze Lebensgeschichte und trägt ihre Spuren. Während unser Körper sich im Laufe der Zeit mehrfach erneuert, haben wir doch ein Leben lang desselben Leib, der die Spuren unserer Lebensgeschichte trägt. Deshalb haben die Jünger Jesus in ihrer Mitte nicht an seinem Aussehen, sondern an seinen Wunden wiedererkannt und an dem, was er tat und was aus ihm geworden ist. Die vielen Ereignisse seines irdischen Lebens sind nun wie in eins zusammengefasst. „In ähnlicher Weise werden wir unsere eigene Auferstehung so aufzufassen haben, dass unser wirkliches Leben, das wir jetzt führen, für immer und wie alles in einem in Gott geborgen bleibt."[29]

Und schließlich „besteht die Leiblichkeit der Auferstehung darin, dass der Auferstandene selbst in der Verkündigung und in den Sakramenten *in Raum und Zeit* zur Erscheinung kommt."[30] Papst *Leo der Große* (ca. 400–461) drückt das treffend so aus:

> Was also an unserem Erlöser sichtbar war, ist übergegangen in die Sakramente.[31]

Ganz besonders gilt das für die Eucharistie, in der uns der *Leib* Christi gereicht wird und durch die wir als Kirche sein Leib werden, seine Präsenzweise in der Welt.

Der Glaube an den auferstandenen Christus ist Ausdruck unserer Hoffnung für alle Menschen; denn Gemeinschaft mit Gott überdauert Leben und Sterben. Der Tod kann den Menschen nicht mehr aus der Lebensgemeinschaft mit Gott reißen: „Wenn wir gestorben sind mit Christus, glauben wir, dass wir auch leben werden mit ihm“ (Römerbrief 6,8).

Entscheidend ist, dass im Bekenntnis zu Jesus als dem Christus gesagt wird: In der Begegnung mit ihm sind Menschen einer Wirklichkeit begegnet, die die Grenzen von Raum und Zeit und Geschichte übersteigt. Seine Botschaft war so, dass man ihr nur im Glauben gerecht werden konnte. Es ist die Christuswirklichkeit, die dieser Mensch vermittelt hat. Sein Lebenszeugnis bis zum Tod am Kreuz hat uns die Christuswirklichkeit vermittelt. Sie macht es möglich, dass wir uns nicht nur an eine vergangene Person erinnern, sondern dass wir unserem Herrn auch jetzt begegnen können in seiner Hingabe für uns, und dass wir darin Gott begegnen. Die Eucharistiefeier geschieht als Begegnung. Das Wort Jesu macht Glauben möglich, der sich nicht nur auf einen unerreichbaren Gott bezieht, sondern der sich bereits von dessen Geist erfüllt sieht. Die Erinnerung an Jesus und das Gedächtnis an ihn lässt Christus gegenwärtig sein und uns in ihm verweilen. Unser Glaube gründet in der Verkündigung des vorösterlichen Jesus. In ihm ist Gott als Mensch begegnet. Seine Menschlichkeit und damit auch seine Leiblichkeit kann dem Auferstandenen nicht abgesprochen werden.

Das Feiern der Eucharistie ist die Konkretisierung dieser Begegnung. Tatsächlich begegnet man Christus in der Eucharistie auf ähnliche Weise wie man Kontakt zu einem Menschen aufnimmt, nämlich leiblich: „Der Leib Christi!“ Die Eucharistie ist materiell und zugleich ist sie nicht irgendein Stück Brot und nicht irgendein Glas Wein. Es ist auch keine Anthropophagie, so als würden wir einen Menschen essen. Es ist vielmehr in Materialität und Leiblichkeit eine leibhaft-spirituelle Begegnung, in der ein Ineinandergehen zweier Personen geschieht.

Die persönliche Begegnung bliebe eine Illusion, wenn sie nicht wirklich geschehen könnte und der wahre Christus reduziert bliebe auf den historischen Jesus, wenn er nur eine Gestalt der Vergangenheit wäre oder die Eucharistie nur eine Erinnerung an jemand, der nicht mehr da ist. Die eucharistische Begegnung geschieht vielmehr mit dem Du dieses unsagbaren Mysteriums, das wir Christen Christus nennen. Wo wir uns Jesus zuwenden, begegnen wir im Glauben dem Christus. Seine Einheit mit dem Vater wird auf alle jene ausgeweitet, die in eucharistischer Kommunion mit ihm verbunden sind.

Mit Gott in Gott vor Gott

In die Einheit mit dem Vater, die der Heilige Geist ist, sind wir in jeder heiligen Messe einbezogen. Wie ich schon oben über das Beten sagte, feiern wir auch Gottesdienst immer im dreifaltigen Geheimnis Gottes: *Mit* Gott (dem Sohn) *in* Gott (dem Heiligen Geist) *vor* Gott (dem Vater). Die Eucharistie wird nie ohne einen Priester gefeiert. Dieser handelt in der Person Christi als Haupt der Kirche und als Haupt auch jeder Gemeinde *(in persona Christi capitis)*. Dazu ist der Priester geweiht worden, um Christus in der feiernden Gemeinde als deren Haupt darzustellen. Dadurch wird sakramental sichtbar, dass wir als Gemeinde nicht allein vor einem unsichtbaren Gott stehen. Vielmehr steht in Christus Gott bereits auf unserer Seite und schenkt uns seinen Sohn.

Das Gegenüber von Priester und Gemeinde ist deshalb unverzichtbar, weil der Glaube nicht nur für jeden Einzelnen vom Hören kommt (vgl. Römerbrief 10,17), sondern auch für die Gemeinde und für die Kirche als Ganze. Als solche bleibt sie darauf angewiesen, dass ihr der Glaube verkündet wird. Und auch für die Eucharistie gilt, dass sie der Gemeinde als Gabe geschenkt wird, die sie sich nicht selber geben kann. Sie ist darauf angewiesen, sie von Christus zu empfangen. Dafür steht der Priester „an Christi Statt" (2. Korintherbrief 5,20). Das Gegenüber von Amt und Gemeinde ist also der institutionelle Ausdruck für das Gegenüber von Christus und Kirche bzw. Gemeinde.

Dieses Gegenüber von Christus und Kirche wird im Neuen Testament auch in das Bild der Ehe gefasst. Im Epheserbrief heißt es:

> Ihr Männer, liebt eure Frauen, wie auch Christus die Kirche geliebt und sich für sie hingegeben hat. (5,25)

Auch in der Offenbarung des Johannes wird die Kirche „Braut des Lammes" (21,9) genannt. Das bräutliche Zueinander von Christus und Kirche gehört zu ihrem Geheimnis. Jede Eucharistiefeier ist wie eine Hochzeit zwischen Christus und seiner Kirche. Das Kelchwort in der Messe sagt es deutlich, wenn es vom „neuen und ewigen Bund" spricht, der durch die Hingabe Jesu an die Seinen gestiftet wurde. Und beim Brotwort heißt es: „Das ist mein Leib, der für euch hingegeben wird." In der Eucharistiefeier geschieht also etwas wie in einem Brautgemach zwischen Braut und Bräutigam: Der Herr schenkt seiner Braut seinen Leib, um so mit ihr eins zu werden, „ein Fleisch", wie es in der Bibel heißt. Inniger als im Bild der Ehe kann man das nicht aussagen. Es geht um ein unverbrüchliches Liebesverhältnis. Das Bild, in dem Christus als Bräutigam der Kirche verstanden wird, ist wohl der Grund, warum die Kirche bis heute daran festhält, dass der Priester ein

Mann sein soll. Er repräsentiert den Bräutigam der Kirche und auch den „Sohn" Gottes.

Wer gläubig ist, wird den Dienst der Priester wertschätzen. Die traurige Tatsache, dass es zahlreiche Fälle von Kindesmissbrauch durch Priester gab, sollte uns nicht den Blick verstellen für die vielen Priester, die treu ihren Dienst tun und ihre geistliche Macht nicht missbrauchen. Solche Priester verdienen unseren Respekt. Doch wir sollten den Priester nicht geistlich überhöhen, so als sei er heiliger und mehr Kind Gottes als gewöhnliche Gläubige. Denn mehr als ein Kind Gottes kann auch ein Priester oder ein Bischof nicht sein. Das Kind-Gottes-Sein ist unüberbietbar. Der sakramentale Dienst und die Würde des Priesters besteht darin, die Würde seiner Mitchristen zum Leuchten zu bringen und ihnen immer wieder im Namen der Kirche bewusst zu machen, dass sie wahrhaft Kinder Gottes sind.

Die Eucharistie will würdig empfangen werden

Der heilige Leib Christi will würdig empfangen werden, also im Glauben, dass wir bei der Kommunion Christus selbst begegnen und in uns aufnehmen. Im Unglauben kann man ihm nicht begegnen. Wir sollen also mit Gott versöhnt sein wenn wir die heilige Messe mitfeiern. Deshalb bereiten wir zu Beginn unser Herz und sprechen das Allgemeinde Schuldbekenntnis. Wir bitten um Vergebung für unsere Sünden und um Erbarmen für uns, für den Unglauben, der noch in uns ist: „Herr, ich glaube – hilf meinem Unglauben" (Markus 9,24). Und unmittelbar vor der Kommunion heißt es: „Herr ich bin nicht würdig, dass du eingehst unter mein Dach, aber sprich nur ein Wort, so wird meine Seele gesund." So sprechen wir vor dem Empfang des Leibes Christi. Von uns aus sind wir tatsächlich Sünder und nicht würdig, die heilige Speise zu empfangen. Aber das Wort Jesu heilt unsere Seele. Das Vertrauen in das Wort Gottes macht uns würdig. Auch gedankenlos und wie Routine sollten wir den Leib Christi nicht empfangen. In unserer *Fast food*-Kultur wird nicht selten der kommunikative Gemeinschaftscharakter des Essens vergessen. Routiniert und wie selbstverständlich lässt sich die hl. Kommunion nicht heilbringend empfangen. Es bedarf dazu einer inneren Vorbereitung und einer Vorfreude auf die Begegnung mit dem Herrn. Der Kommunionempfang ist nicht etwas, das man abhakt und anschließend in der Bank sitzt und auf den Abschluss der Messe wartet. Die Begegnung mit dem eucharistischen Herrn erfordert eine innige Zwiesprache mit ihm und bewirkt eine innere Freude darüber, dass ich ihn nun im Herzen trage und hinaustrage in meine Lebenswelt.

Es kann auch sein, dass mein Gewissen durch eine schwere Sünde belastet ist. Im Unglauben oder durch eine schwere Schuld kann ich dann die Kommunion nicht heilbringend empfangen. In diesem Fall verlangt die Kirche, dass wir uns ganz ausdrücklich wieder mit Gott versöhnen durch Reue über die begangene Schuld und durch das Sündenbekenntnis vor einem Priester, der uns „an Christi Statt" die Vergebung Gottes schenkt und uns so wieder mit Gott und mit der Gemeinschaft der Kirche versöhnt.

Unser christliches Selbstverständnis

Unsere christliche Identität wird durch das lebendige Brot, das Christus ist, gestärkt. Die Kirche, die aus Frauen und Männern besteht, wird im Neuen Testament und bei den Kirchenvätern als Braut Christi verstanden. Braut ist die Kirche deshalb, weil sie Christus gegenüber empfangend ist. Sie gibt sich das göttliche Leben nicht selbst, sondern empfängt es dankbar. Wenn Christus in uns lebt, dann werden wir ihm mehr und mehr gleichförmig. Paulus drückt seine christliche Identität so aus: „Nicht mehr ich lebe; in mir lebt Christus. Was ich jetzt im Fleisch lebe, lebe ich in dem Glauben des Sohnes Gottes, der mich geliebt und sich selbst für mich hingegeben hat“ (Galaterbrief 2,20). Das heißt nicht, dass es *mich* nicht mehr gibt, dass meine Identität zerstört ist. Es heißt vielmehr, dass wir erst in Christus unser wahres Selbstverständnis finden als Kinder Gottes, die sich von Gott angeschaut und geliebt wissen wie sein eigener Sohn.

Je mehr das zu unserer Glaubensgewissheit wird, umso mehr können auch wir Brot werden für die Welt, in der Millionen Menschen nach dem täglichen Brot hungern. Der Kommunionritus in der heiligen Messe macht es deutlich: Alle Menschen werden satt! Gott füllt unsere leeren Hände. Niemand wird mit leeren Händen weggeschickt. Denn er will Gerechtigkeit und Leben für alle.

Die Menschheit hungert auch nach dem Brot, das Gott uns schenkt als Nahrung für unseren Glauben. Wenn Christen einander das Brot der Eucharistie reichen, dann bringen sie zum Ausdruck, dass sie wie gutes Brot füreinander und für die Welt sein wollen: nahrhaft, stärkend, sättigend – eben gegen den Hunger nach Leben. Brot gegen den Tod! Solches Brot ist die Verheißung, die Gott uns schenkt, wenn er uns seinen Sohn in unsere Hände legt und uns die gleiche Gemeinschaft mit sich gewährt, die der Sohn von Ewigkeit her hat.

Der katholische Philosoph *Maurice Blondel* (1861–1949) hat das christliche Selbstverständnis in einem Gebet ausgedrückt:

> Mein Gott, lass mich sein wie gutes Brot und sprich dann über mich die Worte der Wandlung.[32]

Ich bin der Weg und die Wahrheit und das Leben

Johannes 14,6

Thomas sagt zu ihm: Herr, wir wissen nicht, wohin du gehst.
Wie können wir den Weg wissen? Jesus sagt zu ihm:
Ich bin der Weg und die Wahrheit und das Leben.
Keiner kommt zum Vater außer durch mich.

Dieses Ich-bin-Wort Jesu stammt aus der ersten Abschiedsrede Jesu im 14. Kapitel des Johannesevangeliums. Hier fordert Jesus die Jünger zum Glauben an ihn und an Gott auf und kündigt seinen Abschied an. Er geht heim zum Vater, um dort einen Ort für die Jünger zu bereiten. Aber er wird wiederkommen, um die Jünger zu sich zu holen, „damit, wo *ich* bin, auch *ihr* seid" (V. 3).

Dann sagt er: „Und wohin ich gehe, den Weg wisst ihr" (V. 4). Jesus geht davon aus, dass die Jünger nach dem langen Zusammensein mit ihm den Weg bereits wissen, dass sie ihn also so gut kennen und verstanden haben, dass er selbst der Weg zum Vaterhaus ist.

Dieses Ich-bin-Wort ist anders als die bisher betrachteten. Jesus identifiziert sich zuerst mit dem „Weg". Das ist noch eine anschauliche Wirklichkeit aus unserer Lebenswelt. Unter einem Weg können wir uns etwas Konkretes vorstellen. Dann aber identifiziert er sich mit der *Wahrheit*. Hier haben wir es nicht mehr mit einer anschaulichen Größe zu tun. Es ist vielmehr ein abstrakter und philosophischer Begriff. Pilatus stellte Jesus die Frage: „Was ist Wahrheit?" (Johannes 18,38). Intuitiv wissen wir alle mehr oder weniger, was Wahrheit ist. Sollen wir sie aber definieren, dann wird es überaus schwer. Und schließlich ist es das *Leben*, mit dem Jesus sich als identisch ausweist. Das Leben kann das Ziel des Weges bedeuten. Aber wenn der, der das Leben ist, auch der Weg ist, dann ist offenbar der Weg bereits das Leben und die Wahrheit, zu der wir gerufen sind.

Es wird gut sein, sich den Zusammenhang dieses Ich-bin-Wortes zu vergegenwärtigen:

> Euer Herz werde nicht erschüttert! Glaubt an Gott, und an mich glaubt! Im Haus meines Vaters sind viele Bleiben. Hätte ich euch sonst gesagt: Ich gehe hin, euch einen Ort zu bereiten? Und wenn ich gegangen bin und euch einen Ort bereitet habe, komme ich zurück und werde euch zu mir nehmen, damit, wo *ich* bin, auch *ihr* seid. Und wohin ich gehe, den Weg wisst ihr. (14,1–4)

Jesus spricht hier von einem „Ort", im Griechischen heißt er *tópos.* Wir kennen das Wort „Topographie"; damit sind die Eintragungen der Orte in Landkarten gemeint, die Aufzeichnung der Örtlichkeiten. Wir kennen auch das Wort „U-topie", was „Nicht-Ort" oder einfach „nirgendwo" heißt. Indem Jesus uns einen Ort im Haus des Vaters bereitet, meint er, dass die Hoffnung auf Vollendung in Gott keine Utopie mehr ist, sondern wirklich einen „Ort" hat, der zwar in keiner Landkarte verzeichnet ist, aber in Gott Wirklichkeit ist. Thomas scheint noch nicht überzeugt zu sein; er sagt „Herr, wir wissen nicht, wohin du gehst. Wie können wir den Weg wissen?"

> Jesus sagt ihm: *Ich* bin der Weg und die Wahrheit und das Leben. Keiner kommt zum Vater außer durch mich. Wenn ihr mich erkannt habt, werdet ihr auch meinen Vater erkennen. Und von jetzt an erkennt ihr ihn und habt ihn gesehen.
> Philippus sagt ihm: Herr, zeig uns den Vater, und es genügt uns.
> Jesus sagt ihm: So lange Zeit bin ich bei euch, und du hast mich

> nicht erkannt, Philippus? Der mich gesehen hat, hat den Vater gesehen. Was sagst du: Zeig uns den Vater!? Glaubst du nicht, dass *ich* im Vater bin und dass der Vater in mir ist? Die Worte, die *ich* euch sage, spreche ich nicht von mir aus. Der Vater bleibt in mir und tut seine Werke. (Johannes 14,6–10)

Wir sehen, wie die Jünger in einer dualistischen Sicht befangen sind: Wir hier unten – Gott dort oben. Deshalb sagt Philippus: „Zeig uns den Vater". Offenbar hat er noch nicht verstanden, dass Jesus nicht nur ein Wegweiser nach oben ist. „Du hast mich nicht erkannt, Philippus?" Hier haben wir es mit etwas Revolutionärem im neutestamentlichen Gottesverständnis zu tun. „Wer mich gesehen hat, hat den Vater gesehen." Es gibt offenbar keine andere Möglichkeit, Gott als unseren Vater zu erkennen, als indem man den Menschen Jesus als den Christus, den Messias, erkennt. Gott begegnet als wahrer Mensch! Das Alte Testament, das dualistisch denkt, verbietet – zu Recht – jede Abbildung Gottes. Aber genau dies wird hier durchbrochen. Es gibt *doch* ein Bild von Gott. Das einzige Bild, das Gott von sich selbst gemalt hat, ist der Sohn: „Der mich gesehen hat, hat den Vater gesehen."

Ich bin der Weg

So sind dann auch die drei Worte „Weg", „Wahrheit" und „Leben" zu verstehen. Jesus sagt nicht, ich *zeige* einen Weg wie ein Wegweiser an der Straße, der aber den Weg selbst nicht geht, sondern: „Ich *bin* der Weg." Gemeint ist der Weg zu Gott und zur Fülle des Lebens im Unterschied zu den Irrwegen und Abwegen, auf denen Menschen sich verirren und verrennen können. „Ich bin der Weg" hat mit Dynamik und Bewegung zu tun. Man muss den Weg gehen, mobil sein. Das ist wichtig und korrigiert ein Verständnis, nach dem man einfach in trauter Zweisamkeit mit Jesus bleibt, ohne sich weiter zu öffnen. Auch die *Stabilitas*, die Bindung an das Kloster der Benediktinermönche und -nonnen, ist nicht zu verwechseln mit Unbeweglichkeit, mit Statik, mit bloßem Verharren. Dass Jesus der Weg ist, macht deutlich, dass wir gerufen sind, über uns hinaus zu schreiten, den Weg, der Jesus ist, zu unserem Weg zu machen. Dass Jesus der Weg ist, lässt uns auch verstehen, dass wir noch unterwegs sind, dass das Ziel noch aussteht und dass der Weg dorthin noch gegangen sein will. Es ist ein Weg, der von Gott getragen ist. Aber nicht wie auf einem Laufband am Flughafen oder auf einer Rolltreppe nach oben, wo man einfach passiv mitfährt. Man muss sich auf diesem Weg selbst bewegen.

Seit dem Mittelalter pilgern Tag für Tag Tausende von Menschen auf dem Jakobsweg nach Santiago de Compostela. Dieser Weg durchzieht ganz Europa. Der Überlieferung nach ruhen in der Kathedrale von Santiago die sterblichen Überreste des Apostels Jakobus. Das Apostelgrab ist das Ziel des Weges. Als Pilger reiht man sich ein in eine einzige schier unendliche Prozession, die auf dieses Grab zugeht, ja, geradezu von ihm angezogen ist. Ein Bild für unseren Lebensweg! Wir alle gehen auf unser eigenes Grab zu. Und doch ist im Glauben an Christus unser Lebensweg der Weg in das ewige Leben. Der Pilgerweg nach Santiago macht uns das bewusst: Volk Gottes auf dem Weg zum Leben und zur Vollendung in Gott. Das Grab ist kein Grab mehr. Denn der Weg dorthin ist ein Weg mit Jesus. Er ist nicht nur Wegbegleiter, sondern er selbst ist dieser Weg, der durch das Grab hindurchführt zum Leben.

Ich bin die Wahrheit

Das eigentlich erschütternde Wort ist wohl: „Ich bin die Wahrheit.“ Es ist eines der am meisten beeindruckenden Worte des Neuen Testaments. Jesus sagt wieder nicht: „Ich *sage* die Wahrheit“ oder „ich *lehre* die Wahrheit“. Er sagt: „Ich *bin* die Wahrheit!“

Um welche Wahrheit geht es? Offenbar nicht um eine mathematische Wahrheit; auch nicht um einen abstrakten Begriff oder eine philosophische Idee oder eine These. Es geht vielmehr um eine konkrete Person mit Fleisch und Blut. Das ist völlig unerhört. Ich bin die Wahrheit. Man kann es umkehren: Die Wahrheit bin ich. Schon oben habe ich geschrieben, dass es bei der Wahrheit um die Entbergung von etwas Verborgenen geht. In diesem Sinn entbirgt, offenbart Jesus, der Sohn Gottes, unsere wahre Wirklichkeit: Wir sind Kinder Gottes.

Welche Wahrheit?

Der Pluralismus unserer Tage sträubt sich gegen den Begriff „Wahrheit". „Was ist Wahrheit?", fragte schon Pilatus. Gibt es Wahrheit, die für alle gilt? Universale Wahrheit gar? Vielleicht wird Tatsachenwahrheit noch akzeptiert, wenn man einen behaupteten Sachverhalt vorführen kann. Wenn z. B. Politiker die Unwahrheit gesagt haben, sind viele entrüstet und wollen die ganze Wahrheit herausfinden. Aber was kann Wahrheit darüber hinaus sein? Wie die Philosophie sie als objektive Wahrheit verstanden hat, gilt sie vielen als unerträglich, als dogmatisch, einengend, totalitär. Deshalb hat der Wahrheitsbegriff besonders in der Frage nach der „wahren" Religion einen schweren Stand. Unsere Zeit schwärmt für den Pluralismus und fragt nicht nach der religiösen Wahrheit. Religiöse Wahrheitsansprüche gelten sehr vielen als vermessen und arrogant. Und die postmoderne zeitgenössische Philosophie versucht, den Wahrheitsbegriff zu dekonstruieren *(Jacques Derrida)*.

Akzeptiert wird allenfalls eine kombinatorische und subjektive Wahrheit. So wie man aus verschiedenen Fundstücken aus der Archäologie oder aus den Religionen ein Ganzes kombinieren kann, ohne zu wissen, wie die einzelnen Dinge ursprünglich zusammengehört haben und ob sie überhaupt zusammengehörten. Man probiert. Man setzt sich etwas aus verschiedenen Fundstücken der religiösen Traditionen zusammen. Wahr ist für mich dann, was zu mir passt, was ich für mich akzeptieren kann. Wie ein Paar Schuhe, das mir wohl passt aber nicht dir. Ich fühle mich wohl darin; sie sind wie auf meine Füße zugeschnitten. Also habe ich das für mich Richtige, weil Passende gefunden. Wie aber komme ich dazu, das auch für andere anzunehmen und meine Wahrheit anderen zuzumuten? Deshalb entstehen weltanschauliche und religiöse *Patchworkmuster* – ganz nach eigenem Geschmack. Und über Geschmäcker lässt sich nicht streiten.

Solches Wahrheitsverständnis scheint auf den ersten Blick unglaublich befreiend zu sein. Es engt nicht ein, zwingt nicht, etwas anzuerkennen und anzunehmen, was mir nicht passt. Solche Wahrheit gibt Freiheit, mein eigenes Lebensmuster zu stricken, mir in autonomer Freiheit meine eigenen Gewissheiten zu schaffen, mir meine eigene Moral zu geben, mein Leben selbst zu deuten.

Wahrheit und Freiheit

Doch das ist nicht die Wahrheit, von der Jesus im Johannesevangelium spricht. Schon in Kapitel 8 spricht er von ihr:

> Wenn *ihr* in meinem Wort bleibt, seid ihr in Wahrheit meine Jünger und werdet die Wahrheit erkennen, und die Wahrheit wird euch befreien. (Johannes 8,31f.)

Mit diesen Worten kommt er bei seinen Zuhörern gar nicht gut an. Denn auch sie meinen, ihre eigene Wahrheit schon zu kennen. Jesus aber entlarvt sie als Selbsttäuschung (vgl. Johannes 8,33–47).

Steckt diese Tendenz zur Selbsttäuschung nicht auch in unserer postmodernen Geisteshaltung? Es gilt manchen als legitim, sich zu täuschen oder täuschen zu lassen *(fake news)* und zugleich zu wissen, dass man sich täuscht und dabei zu wissen, dass man nur so tut, als täusche man sich nicht. Alles bleibt in der Schwebe.

Ist das nicht vielleicht eine verzweifelte Überlebensstrategie, weil das Zulassen der Wahrheit unerträglich sein könnte? Ist die Verdrängung von Leiden und Tod nicht ein deutliches Indiz dafür? Oder dass wir trotz allen Wissens die Augen vor den globalen ökologischen Problemen verschließen, die auf uns zukommen? Und dass wir dennoch so weitermachen wie bisher. Ist das nicht eine illusionäre Diesseitsvertröstung, die uns zeigt, wie eng der Horizont unseres Lebens und Sterbens geworden ist? Auch wenn wir es bis zum Mars schaffen und mit hochpotenten Teleskopen Einblick in die Unendlichkeit des Universums gewinnen: Wir bleiben Gefangene in einem geschlossenen, wenn auch räumlich unendlichen System des Weltraums, öffnen uns jedoch kaum für die Transzendenz, die all das nicht um Lichtjahre, sondern um Ewigkeiten übersteigt und es als bloß geschaffen relativiert. Schon König Salomo betet in der Bibel: „Selbst der Himmel und die Himmel der Himmel fassen dich nicht“ (1. Buch der Könige 8,27).

Unser Text bietet uns eine andere Wahrheitserkenntnis an. Es ist nicht die Wahrheit, die wir uns selbst entwerfen. Es ist auch ganz und gar nicht die Wahrheit, die ohne weiteres zu mir passt. Wie sollte sie auch? Denn sie ist Gottes Wahrheit, die meine Unwahrheit entlarvt. Deshalb hängt Wahrheit unmittelbar mit dem Wort Gottes zusammen. Ja, sie ist das Wort Gottes. Und dieses ist Jesus.

Gottes Wahrheit hat ihr Maß nicht an uns. Aber sie kann *uns* formen, indem sie uns erkennen lässt, dass wir nicht die sind, für die wir uns von uns aus gerne halten. Vielmehr schaut Gott uns so an, wie er seinen eigenen Sohn anschaut. Wir haben bei Gott das gleiche Ansehen, das sein Sohn seit Ewigkeit bei ihm genießt. Denn Gott hat gar keine andere Liebe zu uns als die Liebe zu seinem Sohn. In diese Liebe, die der Heilige Geist ist, hat er uns aufgenommen. Das ist die ganze Wahrheit unseres Glaubens. Wir haben im Glauben eine Gemeinschaft mit Gott, die in Ewigkeit unverbrüchlich ist.

Das ist die Wahrheit, die uns von unserem eigenen, viel zu mickrigen Menschenbild und von unseren Illusionen um uns selbst befreit. Sie lichtet unsere schleierhafte Existenz und lässt uns Gott erkennen und uns selbst verstehen. Sie macht uns fähig, der Realität ins Auge zu blicken anstatt sie zu verdrängen. Die Wahrheit unseres Glaubens ist schlicht und einfach, dass wir Gemeinschaft mit Gott haben. Ohne Jesus bliebe sie uns verborgen.

Es geht deshalb nicht um einen abstrakten Wahrheitsbegriff oder um verschiedene philosophische Wahrheitstheorien, die alle den Anspruch erheben, wahr zu sein. Es geht um die einfache und jedermann verständliche Frage: Ist es wahr, dass wir Gemeinschaft mit Gott haben, oder ist es nicht wahr? Denn sie ist an der Welt verborgen. Wer an Jesus glaubt und ihm in seinem Wort und in den Sakramenten und in den Notleidenden begegnet, der oder die weiß, dass es wahr ist und darf dessen gewiss sein.

Das ist die Wahrheit, die uns frei macht von der abgründigen Angst, vom Leben zu wenig abzubekommen. Sie lässt uns erkennen, dass wir unendlich viel mehr in Gottes Augen sind als was wir uns ausdenken können. Wir sind nicht schlechthin identisch mit unseren Bedürfnissen und Begierden, sondern auch davon unterschieden. Wir sind in ganz unbegreiflicher Weise zur Erlangung unseres Heils und zur Vollendung unseres Lebens nicht auf uns selbst gestellt und nicht unserem Schicksal überlassen. Deshalb sind wir im Glauben nicht an uns selbst versklavt, sondern wahrhaft frei. Die Bibel nennt diese Freiheit die „Freiheit der Kinder Gottes“ (Römerbrief 8,21; vgl. auch Galaterbrief 5,13). Denn im Glauben an Christus wird der Mensch befreit von der Macht der Angst um sich selbst, die ihn unfrei und unmenschlich sein lässt.

Das ist eine Wahrheit, zu der niemand von sich aus kommen kann. Man kann sie nicht austüfteln wie ein Puzzle oder die Kombination eines Zahlenschlosses. Es ist die Wahrheit, die uns im mitmenschlichen Wort der christlichen Verkündigung gesagt wird. Es ist eine Wahrheit, die man von Jesus nicht ablösen kann, weil wir ihr nur in ihm begegnen.

Wie ist diese Identifikation zu verstehen? Wir müssen dieses Ich-bin-Wort vor dem Hintergrund der johanneischen Inkarnationschristologie verstehen. Die Wahrheit ist eigentlich ein abstrakter Begriff. Für Glaubende kann nur Gott die Wahrheit über allen Wahrheiten sein.

Es gibt freilich auch die Lüge, die Unwahrheit, die Verblendung. Der Teufel ist der Vater der Lüge (vgl. Johannes 8,44). Jeder Mensch kann sich über die Wahrheit täuschen. In keinem von uns gibt es nur Wahrheit. Oft ertragen wir sie auch nicht, vor allem wenn es um die Wahrheit über uns selbst geht, nämlich dass wir auch Sünder sind und uns selbst nicht davon befreien können. Nur von Gott kann man sagen, dass er durch und durch wahr ist.

Für Johannes nun ist Jesus das Wort Gottes, der *Logos*, der Fleisch wurde und unter uns gewohnt hat (vgl. Johannes 1,14). Dieser *Logos* Gottes ist die Wahrheit, die Gott ausspricht und die mit ihm ganz identisch ist. Und die einfache Wahrheit dieses Wortes ist, dass wir – als Sünder – Gemeinschaft mit Gott haben. Doch diese Wahrheit können wir uns nicht selber sagen. Aber zu Gott haben wir auch von uns aus keinen Zugang: „Keiner hat Gott jemals gesehen. *Er*, einziggeborener Gott, der am Busen des Vaters ist, er hat (Gott) ausgelegt“ (Johannes 1,18). Er also ist es, der uns Kunde von der Wahrheit gebracht hat: In Wahrheit sind wir gar nicht die, für die wir selbst uns halten, sondern wir sind Kinder Gottes: „So viele ihn aber annahmen, ihnen gab er Vollmacht, Kinder Gottes zu werden, denen, die an seinen Namen glauben“ (Johannes 1,12). Wenn Jesus uns die Wahrheit gebracht hat, dann ist er nicht nur ein Bote Gottes, sondern dann ist er selbst die Wahrheit in Person: der Sohn Gottes und zugleich der Menschensohn.

Was bedeutet es nun konkret, dass Gottes Wort unser Fleisch geworden ist (vgl. Johannes 1,14)? Was haben Wort und Fleisch gemeinsam? Und warum ist der fleischgewordene Logos die Wahrheit über uns?

Mit „Wort“ *(logos)* assoziieren wir das Sprechen *(legein)*. Mit Worten verständigen wir uns untereinander. Und mit „Fleisch“? Unser Fleisch ist nicht nur unsere materielle Hülle im Unterschied zur Seele. Für die Bibel macht das Fleisch unsere Existenz als Menschen aus. Wir *sind* Fleisch, wir sind vergänglich und verwundbar wie alles Fleisch. Deshalb pflegen wir unser Fleisch, denn wir haben Angst um unser Fleisch, dass es „Gammelfleisch“ wird. Wir sehen: Unser Fleisch spricht seine eigene Sprache, die Sprechweise der Angst um sich selbst. Und es spricht die Sprache der Gier. Die Gier ist nur die Kehrseite der Angst. Unser sterbliches Fleisch ist gierig nach Leben, weil es Angst hat, zu vergehen und zu sterben. Die Angst und die Begierde sind die Sprechweise des Fleisches.

Deshalb spricht unser Fleisch oft nicht die Wahrheit. Hinter unserem Tun und Lassen verbirgt sich häufig die Unwahrheit. Selbst wenn wir Gutes tun, geschieht das mitunter mit dem Hintergedanken der Gier und der Angst. Wir entkommen von uns aus dieser zwielichtigen Sprache nicht. In unseren Beziehungen können wir zwielichtig und unehrlich sein. Diese Ambiguität der Fleischessprache zeigt sich nicht selten in der Sexualität: Was wie Liebe aussieht oder aussehen soll, kann bloße Begierde sein und ist deshalb Lüge. Wohl kaum jemand hat diesen Zusammenhang von Angst und Begierde so einprägsam beschrieben wie der hl. *Augustinus*. Als er in Mailand schon entschlossen war, sich zu bekehren und die Taufe zu empfangen, schildert er sein Hin- und Hergerissensein zwischen irdischer und himmlischer Liebe in dieser kritischen Lebensphase. Es war die Angst, etwas unwiederbringlich zu verlieren, was sein vorchristliches Leben geprägt hatte:

> Die nichtigen Nichtigkeiten, die eitlen Eitelkeiten, meine alten Freundinnen hielten mich zurück; sie zupften an meinem Fleischesrock und murmelten: „Lässt du uns fahren?“ Und: „Von dem Augenblick an wird dir dies und jenes ewig versagt sein.“[33]

Auch auf anderen Feldern des Lebens kommt die zwielichtige Sprache des Fleisches zum Ausdruck: in der Habgier und im Willen zur Macht über andere. Was wie Großherzigkeit aussieht, kann durchaus egoistische Berechnung sein, Taktik. Aus lauter Angst, nicht genug vom Leben abzubekommen, verletzen wir andere, hauen sie übers Ohr und können sogar über Leichen gehen. Die mehrschichtige Sprache unseres Fleisches ist nicht die Sprache der Wahrheit und der Wahrhaftigkeit, sondern immer wieder auch die Sprache der Verblendung. Kann man ihr trauen? Deshalb gibt es Misstrauen und Angst der Menschen voreinander. Die Sprache des Fleisches ist oft nicht befreiend, sie ist häufig unterdrückerisch, Sprache der Ellenbogen, des Egoismus, der sexualisierten Gewalt und des Mordes (Kain und Abel). Auch die Religion ist nicht davor gefeit, im Namen Gottes gewalttätig zu sein. Nicht nur im Kleinen ist das so. Der ganze Verblendungszusammenhang der Welt in Politik, Wirtschaft, Friedenssicherung ist von der Ambiguität unserer ererbten Fleischessprache Adams und Evas bestimmt.

„Gottes Wort ist Fleisch geworden"

Und nun glauben wir Christen, dass Gottes Wort, das Wort der Wahrheit, unser Fleisch angenommen hat. An Weihnachten feiern wir das. Wir meinen damit nicht, dass Gott sich des Menschen Jesus wie einer Marionette bedient hat, die doch unfrei ist. Wir sagen auch nicht, dass Gott sich unseres Fleisches nur bedient hat, wie ein Violinspieler sich seines Instruments bedient. Nein, Gottes Wort ist Fleisch *geworden*, so wie wenn der Violinspieler seine Violine geworden wäre. Wenn Gottes Wort in Jesus unser Fleisch geworden ist, dann hat in Jesus unser Fleisch schon nicht mehr die zwielichtige Sprache unseres Fleisches gesprochen, sondern die wahrhaftige Sprache Gottes: die Sprache der Liebe und der Hingabe und nicht mehr die Sprache der Angst und der Begierde. In Jesus begegnen wir einem Menschen, der nicht mehr aus Angst um sich selbst und ihrer Kehrseite lebte. Er war wahrhaft Mensch, in allem uns gleich – außer der Sünde (vgl. Hebräerbrief 4,15). Das „außer der Sünde" meint nicht, dass Jesus doch nicht so *richtig* Mensch war wie wir. Denn die Sünde gehört nicht zur Definition unseres Menschseins. Sie macht das aus, was Unmenschlichkeit ist und entstellt unser Menschsein, macht es unwahr. Und so ist Jesus der *wahre* Mensch, der nicht nur die Wahrheit spricht, sondern diese Wahrheit Gottes verkörpert: „Ich bin die Wahrheit." Und so lesen wir im Johannesevangelium:

> Und er, das Wort, ist Fleisch geworden und hat unter uns Wohnstatt genommen. Und wir haben seine Herrlichkeit gesehen, Herrlichkeit als des Einziggeborenen vom Vater her, voll Gnade und Wahrheit. (Johannes 1,14)

Gnade und Wahrheit gehören zusammen. Ohne Wahrheit gibt es keine Gnade. In der Lüge ist weder Heil noch Gnade. Und wo keine Gnade ist, da ist auch keine Wahrheit. Denn erst die Gnade Gottes hat die Wahrheit über uns entborgen: dass wir nämlich nicht nur geschaffen sind, gewissermaßen als eine reine und unbegnadete und sich selbst überlassene Natur *(natura pura)*, sondern dass wir bereits „in Christus" geschaffen sind (vgl. Kolosserbrief 1,16). Wir sind nicht bloß geschaffen, sondern bereits in der Liebe des Vaters zum Sohn geschaffen.

Wir sehen: Unser Fleisch ist offenbar dazu bestimmt, die angeborene (erbsündige) Sprache des Fleisches, die Sprache der Angst und der Gier zu verlernen und stattdessen die Sprache Gottes zu erlernen: die Sprache der Wahrheit, der Liebe und der Hingabe.

Gott hat uns also nicht durch ein spektakuläres Ereignis erlöst, sondern indem er uns in Jesus, in dessen Leben und Verkündigung und im Tod am Kreuz gezeigt hat, was wahres Menschsein ausmacht:

> So viele ihn aber annahmen, ihnen gab er Vollmacht, Kinder Gottes zu werden, denen, die an seinen Namen glauben, die nicht aus Blut, noch aus Fleischeswillen, noch aus Manneswillen, sondern aus Gott gezeugt worden sind. (Johannes 1,12f.)

Wenn also Gottes Wort Fleisch geworden ist, dann kann auch unser Fleisch Gottes Wort, Gottes Sprechen werden, indem es die Sprache Gottes erlernt. Das ist die Sprache der Liebe, der Hingabe, der Gnade und der Wahrheit.

Das Ziel der Menschwerdung ist also die Offenbarung, die Enthüllung und Entbergung eines verborgenen Geheimnisses, eben der ganzen Wahrheit über uns: Wir sind Kinder Gottes und in Christus geschaffen und aus Gott geboren. Ohne diese Offenbarung bliebe dieses Geheimnis für immer verborgen. So ist Jesus die Offenbarung der verborgenen Wahrheit unserer eigenen Gemeinschaft mit Gott. Das Wort Gottes ist das Sprechen Gottes. Auch so teilt Gott sich selbst uns in unserem Fleisch mit. Dabei offenbart er nicht nur *sich*, sondern zugleich auch, wer *wir* sind.

Das unterscheidet Jesus von anderen. Das Sprechen Gottes im Sohn ist nicht zu vergleichen mit dem Sprechen des Heiligen Geistes durch die Propheten. Dieses Sprechen bleibt „schleierhaft“, wie Paulus sagt (vgl. 2. Korintherbrief 3,14–16). Die Propheten und auch große Gestalten anderer Religionen haben sich auch immer nur als Überbringer einer Botschaft verstanden. Sie haben sich jedoch nie mit der Wahrheit dieser Botschaft identifiziert. Eine solche Identifikation wäre von Juden sofort abgelehnt worden als Gotteslästerung. Die Streitgespräche im Johannesevangelium zeigen uns den Konflikt, in den Jesus um das rechte Gottesverständnis geriet: „Ihr erforscht die Schriften, weil ihr meint, in ihnen ewiges Leben zu haben; und die sind es, die über *mich* Zeugnis ablegen" (5,39). Auch die Schrift Israels kommt danach erst durch Christus zur Klarheit. So wird auch erst im Glauben an Christus verstehbar, dass der Heilige Geist durch die Propheten gesprochen hat, dass also das Wort Gottes, das Christus ist, auch schon aus ihrem Munde kam.

Johannes ist sich des Skandals bewusst, den seine Christologie hervorrufen musste. In 10,33 wird die Rede Jesu von seinen Zuhörern ausdrücklich verurteilt:

> Die Juden antworteten ihm: „Wegen eines rechten Werkes steinigen wir dich nicht, sondern wegen Lästerung, und weil *du*, der du Mensch bist, dich selbst zu Gott machst."

Die Worte Jesu standen im Widerspruch zu seiner und ihrer Religion. Für jüdische Ohren musste seine Rede wie eine Gotteslästerung klingen.

Dennoch bezeugt Johannes, dass der Sohn und der Vater eins sind (vgl. 17,11), dass das Wort, das Gott ist, in Jesus als Mensch begegnet und dass dieser Jesus der Geschichte die Wahrheit ist.

Die Wahrheit ist für Johannes nicht eine ewige und übergeschichtliche ideale Wahrheit. Die Wahrheit Gottes hat sich hingegen in unserer Geschichte offenbar gemacht als die Wahrheit auch unserer geschaffenen Wirklichkeit. Die Welt ist durch Jesus hineingenommen in das Geheimnis Gottes; sie ist selbst bereits *in Christus* geschaffen. Das ist die ganze Wahrheit.

Wenn das Wort Gottes wirklich das mitteilt, was nur Gott sagen kann, dann muss es mit Gott identisch sein. Sonst wäre es nur eine Information über Gott und über die Welt. Wenn Gott uns etwas anderes mitteilte, als was er selber ist, dann könnte dieses andere niemals unser Heil, also unser Leben sein. Es wäre nur wieder geschöpflich. Aber wie könnte Gott sich anders verstehbar mitteilen als menschlich? Wie sollten wir ihn hören, wenn er uns nicht in mitmenschlichem Wort anspricht? Wie „spricht“ Gott denn, so dass wir ihn hören könnten?

Es scheint, dass Johannes genau dies verstanden hat. Der Begriff „Wort Gottes“ bleibt im Grunde unverständlich, wenn Gott nicht als Mensch begegnet. In Jesus ist es deshalb ein Mensch, der genau das sagt, was nur Gott sagen kann. Hier liegt der Grund, warum der johanneische Jesus sagt: „Ich bin die Wahrheit“. Der Mensch Jesus ist in die Person des ewigen Sohnes Gottes, „der am Busen des Vaters ist“ (Johannes 1,18), aufgenommen und spricht die Sprache Gottes. Er teilt so Gott selbst als die Wahrheit mit.

Ich bin das Leben

Nichts anderes als diese Wahrheit ist auch das Leben, von dem Jesus spricht: „Ich bin das Leben“. Es hängt mit der Wahrheit zusammen, ja es ist diese Wahrheit: das göttliche Leben, an dem wir im Glauben teilhaben. Außerhalb der Wahrheit ist Täuschung, Lüge, Finsternis und Verblendung. Das ist kein wahres, sondern entfremdetes Leben. Allein die Wahrheit verheißt Leben. Ohne diese Wahrheit kann man nicht zum Vater kommen und nicht das göttliche Leben finden, das uns über uns hinaushebt und ewig ist. Die Liebe des Vaters zum Sohn, in die wir hineingenommen sind, ist das ewige Leben, an dem wir schon jetzt im Glauben Anteil haben.

So endet Jesu hohepriesterliches Gebet mit den Worten:

> Und ich habe ihnen (den Jüngern) deinen Namen verkündet und werde ihn verkünden, auf dass die Liebe, mit der du mich geliebt hast, in ihnen ist und ich in ihnen. (Johannes 17,26)

Alles wird für uns davon abhängen, dass wir in seinem Wort bleiben: Er in uns und wir in ihm.

Ich bin die Auferstehung und das Leben

Johannes 11,25

Jesus kam nun und fand ihn (Lazarus) schon vier Tage im Grabmal liegen. Betanien lag nahe Jerusalem, etwa fünfzehn Stadien weg. Viele von den Juden waren zu Marta und Maria gekommen, um sie wegen des Bruders zu trösten. Wie nun Marta hörte, dass Jesus kommt, ging sie ihm entgegen; Maria aber saß im Haus. Marta sagte nun zu Jesus: Herr, wenn du hier gewesen wärest, wäre mein Bruder nicht gestorben. Doch auch nun weiß ich: Um was immer du Gott bittest, wird Gott dir geben. Jesus sagt ihr: Dein Bruder wird auferstehen! Marta sagt ihm: Ich weiß: Er wird bei der Auferstehung am letzten Tag auferstehen. Jesus sagte ihr: „*Ich* bin die Auferstehung und das Leben. Wer an mich glaubt, wird, auch wenn er stirbt, leben, und jeder, der lebt und an mich glaubt, wird in die Ewigkeit nicht sterben. Glaubst du dies?

(Johannes 11,17–26)

Diesmal ist es wieder keine anschauliche Wirklichkeit, mit der Jesus sich identifiziert. Es ist nicht die Tür, der Weinstock oder das Brot, also Gegenstände unserer Erfahrung. Es ist vielmehr eine höchst unbegreifliche Wirklichkeit. Sie gehört nicht bereits zu unserer Erfahrung, aber sie macht unsere Hoffnung gegen alle Erwartung aus.

Jesus sagt diese Worte am Ortseingang von Betanien zu Marta, die um ihren Bruder Lazarus trauert. Was der Verlust eines geliebten Menschen bedeutet und was Trauer ist, das wissen wir. Es ist die Haltung, die wir einnehmen vor der Unausweichlichkeit des Todes und seiner Endgültigkeit. Ein Mensch ist nicht mehr. Er ist wie vom Erdboden verschluckt. Das Begräbnis veranschaulicht das. Von uns aus haben wir keine Hoffnung für ihn. Deshalb weinen wir. Auch Jesus weinte am Grab seines Freundes. Er war erschüttert (vgl. 11,33–36). Das Leben, das uns so wertvoll ist und das wir mit Fürsorge und Schutz umgeben, ist flüchtig und vergeht wie eine Pusteblume im Wind:

> Wie Gras sind die Tage des Menschen, er blüht wie die Blume des Feldes. Fährt der Wind darüber, ist sie dahin; der Ort, wo sie stand, weiß nichts mehr von ihr. (Psalm 103,15f.)

Jesus als Seelsorger

Es ist eine Begegnung, die uns im 11. Kapitel des Johannesevangeliums geschildert wird: Marta kommt Jesus entgegen, der auf dem Weg nach Betanien ist. Sie setzt auf ihn ihre ganze Hoffnung. Jesus tröstet sie mit den Worten:

> Ich bin die Auferstehung und das Leben. Wer an mich glaubt, wird, auch wenn er stirbt, leben, und jeder, der lebt und an mich glaubt, wird in die Ewigkeit nicht sterben. (Joh 11,25f.)[34]

Es ist der Glaube, der gegen alle Erfahrung die Hoffnung auf Leben verbürgt. Nur im Glauben lässt sich die Erfahrung des Todes bestehen. Der Glaube widerspricht unserer Erfahrung, dass endgültig tot und vernichtet ist, wer gestorben ist. Aber außerhalb des Glaubens behält der Tod das letzte Wort. Er wird dann zu unserer allerletzten Gewissheit. Deshalb stellt Jesus sogleich die Frage an Marta: „Glaubst du dies?" (11,26). Anders als mit dem Glauben an die Auferstehung kann man Trauernde nicht wirklich trösten, sondern höchstens ver-trösten oder – wie es manchmal heißt – „auf andere Gedanken bringen". Doch das ist kein Trost. Nur wenn sie ihre Lieben in Gott wissen, aufgehoben in seiner Liebe, können sie auch wirklich Trost erfahren. Jesus erweist sich für Marta hier als echter Seelsorger.

Und Marta antwortet: „Ja, Herr. *Ich* habe geglaubt, dass *du* der Christus, der Sohn Gottes bist, der in die Welt kommt" (Johannes 11,27).

Wieder ist es die Christuswirklichkeit, die sich im Wort Jesu offenbart. Die Christuswirklichkeit hält den Menschen auch im Tod in der Gemeinschaft mit Gott. Im Glauben weiß sich der Mensch in diese Christuswirklichkeit aufgenommen und deshalb dem Tod nicht mehr schutzlos preisgegeben.

Eine Geschichte vom Tod und vom Leben – nicht nur für Frauen

An einer anderen Geschichte aus dem Neuen Testament möchte ich verdeutlichen, um was es geht:

> Und als Jesus im Boot wiederum auf die andere Seite hinüberfuhr, versammelte sich eine große Menge bei ihm, und er war am See. Und es kommt einer von den Synagogenvorstehern mit Namen Jaïrus, und als er ihn sieht, fällt er zu seinen Füßen und bittet ihn sehr; er sagt: Mein Töchterchen ist am Ende. Komm doch und leg ihr die Hände auf, damit sie gesund wird und lebt! Und er ging mit ihm, und es folgte ihm eine große Menge und drängte sich um ihn.
>
> Und eine Frau, die zwölf Jahre Blutfluss hatte und viel gelitten hatte von vielen Ärzten und all ihre Habe ausgegeben hatte, ohne dass es ihr genutzt hätte, sondern es war mit ihr immer schlimmer geworden, hatte von Jesus gehört. Sie kam in der Menge von hinten und berührte seine Kleidung. Denn sie sagte: Wenn ich auch nur seine Kleider berühre, werde ich gesund werden. Und gleich trocknete die Quelle ihres Bluts aus, und sie erkannte am Leib, dass sie von der Plage genesen war. Und gleich erkannte Jesus in sich die von ihm ausgehende Kraft, wandte sich in der Menge um und sagte: Wer hat meine Kleider berührt? Und seine Jünger sagten

ihm: Du siehst die dich umdrängende Menge und sagst: Wer hat mich berührt? Und er blickte ringsum, die zu sehen, die dies getan hatte. Die Frau fürchtete sich und zitterte; da sie wusste, was ihr geschehen war, kam sie und fiel vor ihm nieder und sagte ihm die ganze Wahrheit. Er sagte ihr: Tochter, dein Glaube hat dich geheilt. Zu Friede geh hin und sei gesund von deiner Plage!

Während er noch spricht, kommen Leute vom Synagogenvorsteher und sagen: Deine Tochter ist gestorben. Was bemühst du den Lehrer noch? Jesus hatte das Wort, das gesprochen wurde, mitgehört und sagt zu dem Synagogenvorsteher: Fürchte nicht, nur glaube! Und er ließ keinen mit ihm mitfolgen außer Petrus, Jakobus und Johannes, den Bruder von Jakobus. Und sie kommen in das Haus des Synagogenvorstehers, und er sieht Durcheinander und die viel weinen und klagen. Und er tritt ein und sagt ihnen: Was lauft ihr durcheinander und weint? Das Kind ist nicht gestorben, sondern schläft. Und sie verlachten ihn. Er bringt alle hinaus und nimmt den Vater des Kindes und die Mutter und die bei ihm mit und geht hinein, wo das Kind war. Und er ergreift die Hand des Kindes und sagt ihr: *Talita kūm!* Das heißt übersetzt: Mädchen, dir sage ich: Stehe auf! Und gleich stand das Mädchen auf und ging umher. Es war nämlich zwölf Jahre alt. Und gleich entsetzten sie sich in großem Entsetzen. Und er wies sie viel an, dass keiner dies erfährt. Und er sagte, ihr solle zu essen gegeben werden. (Markus 5,21–43)

Dieser Text spricht vermutlich besonders Frauen an. Eine Frau wird von ihrem jahrelangen chronischen Blutfluss geheilt und ein Mädchen aus dem Schlaf des Todes in das Leben zurückgeholt.

Es ist bestimmt kein Zufall, dass diese beiden ineinander verschachtelten Wundergeschichten gerade in der feministischen theologischen Literatur große Resonanz gefunden haben. Besonders an der blutflüssigen Frau wird deutlich, wie eine Frau in einer fast nur von Männern beherrschten Gesellschaft gerade in ihrem Frausein krank wird, in ihrem Innersten verletzt ist und alles Herumdoktern ihr keine Heilung und kein neues Selbstbewusstsein gegeben hat.

Andererseits denke ich, dass dieser Text – so sehr er von der Begegnung Jesu mit Frauen spricht – doch noch eine tiefere Bedeutung hat. Er hat nicht nur *auch* den Männern etwas zu sagen, sondern jeder Mensch, ob Mann oder Frau, soll sich in diesen heilsbedürftigen Frauen auf je eigene Weise wiederfinden können. Nicht nur jeder einzelne Mensch, sondern auch die Menschheit als Ganze spiegelt sich in ihrer Heilsbedürftigkeit in diesen Gestalten wieder.

Auch die Erde blutet

Ich erinnere mich noch an die Golfkriege im Irak 1991 und 2003. Damals zeigte das Fernsehen Satellitenbilder aus dem All von der Golfregion. Darauf waren aus der Ferne ganz deutlich die ökologischen Zerstörungen in dieser Gegend zu sehen. Sie sahen auf den Bildern aus wie blutige Wunden. Es waren beeindruckende und verstörende Bilder. Ich habe gedacht: Mein Gott, die Erde blutet! Sie verliert immer mehr an Leben und Lebenskraft. Irgendwann ist sie verblutet. Ähnliches könnte man von den zahlreichen ausgedehnten Waldbränden in vielen Ländern aufgrund der Dürre und der Hitze der letzten Sommer in Südeuropa sagen. Wenn das so weitergeht …

Unsere Erde blutet aus vielen Wunden: aus den Adern Tausender von Kriegs- und Terroropfern. Sie blutet im dezimierten tropischen Regenwald. Sie blutet durch all das, was wir der Natur an Gewalt antun. Sie blutet im Verlust all dessen, was wir in hemmungsloser Gier immer mehr aus unserer Welt herauspressen und verpulvern. Immer kürzer werden die Zeiträume, in denen wir so viele Ressourcen aus der Erde geholt haben, für die die Erde ein ganzes Jahr braucht, um sich zu regenerieren.

Im Grunde ist das die gleiche Erfahrung, die die Frau im Evangelium mit sich selbst macht. Sie verliert Blut, sie verliert Leben. Sie erleidet einen kontinuierlichen Lebensverlust und damit Verlust an Lebensmöglichkeiten. Es ist der allgegenwärtige Tod, der sich ihrer nach und nach bemächtigt.

Unsere Begriffe von Wachstum und Fortschritt – verschleiern sie im Grunde nicht nur diesen fortschreitenden Verlust an Leben und Lebensmöglichkeiten? Während wir immer mehr Überflüssiges produzieren, werden lebenswichtige Dinge immer knapper: saubere Luft, reines Wasser, gesunde Wälder, unversehrte Natur.

Auch die Klimakrise verdunkelt die Zukunft für sehr viele Menschen. Ganze Landstriche in Afrika dürften in absehbarer Zeit unbewohnbar werden. Die immer längeren und heißer werdenden Dürreperioden stellen eine reale Bedrohung für die Ernährung von Abermillionen Menschen dar. Zu erwarten sind Migrationsströme ungeahnten Ausmaßes, die auf der Suche nach Wasser und nach neuem Lebensraum sind. Große Verluste an Lebensmöglichkeiten stehen uns bevor.

Lebensverlust

Viele Menschen spüren den Lebensverlust auch an sich selbst. Unter dem Stichwort Kommunikationstechnik und Kommunikationsgesellschaft wird oft verschleiert, dass das Zusammenleben zugleich auch beziehungsärmer und die zwischenmenschlichen Begegnungen immer oberflächlicher werden. Unsere zerstörten und gescheiterten Beziehungen sind ebenfalls ein Stück Lebensverlust. Ehen verbluten, und in vielen Familien haben sich die Einzelnen nichts mehr zu sagen. Früher saß noch eine ganze Familie vor einem einzigen Fernseher, und man stritt sich immerhin noch um das Programm. Heute hingegen sitzt in manchen Familien schon jeder Einzelne allein vor mehreren Bildschirmen. Ein Kapitel für sich sind in unserer Gesellschaft die alten Menschen, die oft in Alters- und Pflegeheimen unter Bedingungen leben, die kein Studentenwohnheim seinen Bewohnern zumuten dürfte. Durch Einsamkeit und Beziehungslosigkeit verlieren sie ihr Leben oft lange, bevor sie sterben.

Angst und Sorge um die Zukunft oder um den Arbeitsplatz nagen an der seelischen Gesundheit vieler Menschen. Arbeitslosigkeit bedeutet nicht nur, dass man ohne Beschäftigung ist, sondern vor allem, dass man der Möglichkeit beraubt ist, sich in die Gestaltung unserer Gesellschaft schöpferisch einzubringen. Es gibt in Südeuropa so viele junge Menschen ohne Lebensperspektive. Und Depressionen und *Burnout*-Erkrankungen, an denen viele Menschen leiden, machen den Lebensverlust besonders deutlich.

Auch die Kirche erleidet einen Blutverlust. Oft ist sie dafür selbst verantwortlich. Immer mehr getaufte Menschen kehren ihr den Rücken und verlassen sie. Der Glaube verdunstet und damit auch die Vitalität der Kirche, die nach den vielen Missbrauchsgeschichten einem verwüsteten Weinberg gleicht oder wie einem kahlen, entblätterten Baum im Winter. Wie viel an Glaubwürdigkeit und an Vertrauen ist doch verloren gegangen!

Die Frau im Evangelium hatte alles Mögliche versucht, um diesen Lebensverlust zu stoppen. Viele Ärzte hat sie aufgesucht, viel Geld ausgegeben und damit nochmals Lebensmöglichkeiten verspielt. Und doch waren alle diese Rettungsversuche vergeblich. Alles war nur noch schlimmer geworden.

Unsere Selbstheilungsversuche

Wie ist das bei uns? Was sind unsere Selbstheilungsversuche? Es sind die vielen Patentrezepte und selbsternannten Heilbringer, die uns das Blaue vom Himmel versprechen: Hier eine Therapie und dort eine Selbsthilfegruppe und die vielen Ratgeber-Bücher! Und nochmals neue Psycho-Methoden oder esoterische Praktiken! Und in der Kirche: immer neue Pastoralpläne und neue Gremien. Was bringt alles das wirklich? Wir erreichen doch immer nur das Symptom. Es ist wie vor dem zweiten Irakkrieg und vor dem russischen Überfall auf die Ukraine: Tausend diplomatische Bemühungen, um einen Krieg abzuwenden – und am Ende ist alles nur noch schlimmer. Waffenlieferungen ohne Ende wie der Krieg selbst. Das Gefühl der Ohnmacht und Hilflosigkeit breitet sich umso stärker aus. Damit will ich nicht sagen, dass diese Maßnahmen alle nutzlos und sinnlos sind. Aber man darf sich nicht mehr von ihnen versprechen, als sie halten können.

Ratlos und am Ende unseres Lateins, enttäuscht und resigniert kann man sein angesichts all der Misserfolge bei dem Bemühen, uns persönlich und als Menschheit heiler zu machen, uns zu retten und den ständigen Lebensverlust zu stoppen.

Aber das alles zeigt, dass unsere Verletzungen nicht an der Oberfläche liegen. Die Frau im Evangelium hat keine Schürfwunde. Es genügt kein Pflaster, um den Blutstrom zu stillen. Ihre Blutung betrifft sie als Frau, in ihrer weiblichen Identität. Tief in ihrem Inneren ist sie verletzt.

Das Unheil kann nicht leicht repariert werden. Alle unsere Reparaturbemühungen bleiben an der Oberfläche und sind wie äußerliche Pflaster und Verbände. Die eigentliche Quelle für unseren Lebensverlust sitzt aber tief in uns, betrifft uns im innersten Kern unserer Existenz und in unserer unbewältigten Geschichte. Viel tiefer noch sitzt die Wunde als dort, wohin die Tiefenpsychologie vorzudringen vermag.

Doch die Frau im Evangelium hat sich, ähnlich wie Marta im Johannesevangelium, noch eine Hoffnung bewahrt: Sie hofft, den zu finden, der sie in der Tiefe heilen und retten kann, der ihrem Lebensverlust ein Ende setzt und ihrem Leben einen neuen Anfang bereitet. Sie hat von Jesus gehört. Sehr magisch kommt es uns vor, wie sie versucht, durch die Berührung seines Gewandes Heilung zu erlangen. Es ist als ob sie wieder so einen Heiler aufsuchte, der nur den Körper behandelt. Einen kurzen Moment ist sie in der Gefahr, auf diese Weise doch wieder bei dem alten oberflächlichen Strickmuster zu bleiben.

Die ganze Wahrheit sagen

Doch dabei bleibt es nicht. Es kommt zur Begegnung – mit Jesus. Sie fasst Vertrauen und sagt ihm *die ganze Wahrheit.* Diese Begegnung geschieht im ganz banalen Alltag, dort, wo man es nicht erwartet. Sie geschieht, weil beide sich auf die Begegnung und auf die Wahrheit einlassen.

Die ganze Wahrheit – sie ist die Voraussetzung für alle Heilung. Es ist die Selbsttäuschung, die ich schon gar nicht mehr wahrnehme, die mich krank macht, diese Täuschung über die eigene Situation. Die ganze Wahrheit aber kann ich nur zu dem sagen, der mir hilft, sie zuzulassen und zu dem ich volles Vertrauen habe. Und die ganze Wahrheit kann ich nur unter Furcht und Zittern sagen. Das ist keine Information, die man cool mitteilt und die ein anderer nur zur Kenntnis nimmt. Es ist das Zulassen, dass ein anderer bis in mein Innerstes vordringen darf. Und das kostet etwas.

Die ganze Wahrheit ist nicht die halbe Wahrheit. Diese wäre nur wieder die Unwahrheit. Die ganze Wahrheit heißt, sich selbst und den anderen nicht mehr über sich selbst zu täuschen. Es geht nicht darum, ob eine Information stimmt oder nicht. Es geht darum, sich über sich selbst nichts mehr vorzumachen. Es geht dabei auch um unseren Schatten, um unsere dunkle Seite, ja auch um den schmutzigen Winkel in unserem Innern. Es geht darum, einzusehen, dass die Quelle unseres Lebensverlustes, unserer Blutung, nicht an der Oberfläche sitzt. Unser Unheil liegt eben nicht nur in unserer Erziehung begründet, in der Weise, wie unsere Eltern mit uns in der Kindheit umgegangen sind. Und nicht nur die Umstände sind schuld oder die deprimierende politische Großwetterlage. Die Quelle des Unheils sitzt vielmehr tief in uns, dort nämlich, wo wir uns über uns selbst täuschen und meinen, uns selbst

Gott und Heilbringer sein zu können. *Die ganze Wahrheit* sagen bedeutet auch, zuzulassen, dass Jesus uns dort berührt und heil macht, wo wir zutiefst verwundet und verletzt sind: in unserem Herzen.

Hier liegt das Geheimnis unseres Heils. Die Beziehung zu Jesus so zu pflegen, dass er in unser Innerstes vordringen darf, um unseren Lebensverlust zu stillen, und dass er in uns verweilen und wohnen darf. Das heißt glauben: „*Dein Glaube hat dich geheilt.*"

In der Begegnung mit Jesus können wir zuversichtlich und mit Hoffnung auch in einer dunklen Welt leben. Wir können dann auch Licht in dieses Dunkel hineintragen. Wo ein Mensch sich in der Tiefe von Jesus hat anrühren lassen, wo er sich von ihm Gottes Wort sagen lässt und im Vertrauen auf ihn lebt, da hat sich schon ein kleines Stück unserer Welt verändert.

Gemeinschaft mit Gott

Gottes Wort sagt etwas, das tatsächlich nur Gott sagen kann: Wir haben Gemeinschaft mit ihm. Damit spricht Gott zu unserem Herzen. Oder wie es in dem alttestamentlichen Weisheitsbuch heißt:

> Zum Sein hat er alles geschaffen. Das Totenreich hat keine Macht auf Erden. Gott hat den Menschen zur Unvergänglichkeit erschaffen und ihn zum Bild seines eigenen Wesens gemacht. (Weisheit 2,23)

Indem der Sohn Gottes ein Mensch wurde, machte er offenbar, dass jeder Mensch aufgenommen ist in das Verhältnis des Vaters zum Sohn. Sich von Jesus anrühren lassen, heißt, an seinem Sohnesverhältnis teilhaben. Der Tod hat keine Macht mehr dagegen.

In unserem Evangelium führt der Weg Jesu vom See zum Ufer, also von außerhalb zu den Menschen. Das Heil kommt nicht aus uns. Es ist vielmehr zunächst außerhalb von uns und will zu uns kommen, um in uns zu sein. Nachdem er aus dem Boot gestiegen ist, steht Jesus in einer großen Öffentlichkeit. Nach der Bitte des Jaïrus, seine Tochter zu heilen, führt der Weg Jesu erst in die Begegnung mit der blutflüssigen Frau. Dann steht Jesus vor dem Haus des Jaïrus. Schließlich ist er *im* Haus, und dann geht er *in* das Schlafzimmer des Mädchens hinein, wo er ihm Leben und Rettung schenkt. Es ist also ein Weg von außen nach innen, aus der Öffentlichkeit in den intimen und innersten Bereich des Menschen. Es ist das Sein Christi in uns. „Suche mich in dir!“ Wäre Jesus draußen geblieben, hätte er das Mädchen nicht auferweckt. Hätte die blutflüssige Frau ihn nicht zu sich eingelassen, sie wäre nicht geheilt nach Hause gegangen.

Wenn wir Jesus draußen lassen und ihm nur von Ferne zuhören, wird er uns nicht heilen können. Wir können auch mit den Ohren hören, aber unser Herz verschließen. Auch auf diese Weise sperren wir ihn aus. Erst wenn wir ihn in die innerste Kammer unseres Herzens einlassen, wird er uns auch sein Leben schenken, seine Hoffnung, seine Zuversicht. Dann wird er uns auf die Füße stellen, damit wir umhergehen und nicht untätig und apathisch bleiben – wie tot –, sondern seine lebendige Hoffnung verbreiten.

Ganz am Schluss sagt der Herr, man solle dem Mädchen etwas zu essen geben. Das ist ein besonders liebenswürdiger Zug an Jesus: Er sorgt sich um den ganzen Menschen. Aber dahinter steckt noch mehr. Und eben das geschieht auch in der Heiligen Messe: Nachdem sein Wort an uns ergangen ist, will er selbst unsere Nahrung, unser Lebensmittel sein. Das ist ein weiteres Zeichen dafür, dass er uns in unserem innersten Kern erreichen möchte.

So formt sich auch unsere christliche Identität. Die bange Frage „Wer bin ich?“, findet in Jesus ihre Antwort. Er lebt in uns und macht die Fülle unseres Lebens aus. Wir finden zu unserer wahren Bestimmung, wenn wir uns als Kinder Gottes verstehen: bestimmt zur Gemeinschaft mit Gott in alle Ewigkeit. Auch das ewige Leben ist nicht mehr als unsere Gemeinschaft mit Gott. Diese ist bereits für die Ewigkeit bestimmt.

Wenn wir ihn wirklich aufnehmen und mit dem Herzen glauben, dass er durch sein Wort in uns kommt, dann sind wir schon geheilt und das ewige Leben ist schon in uns. Der Tod hat dann keine Macht mehr über uns. So wird Jesus auch für uns zur Auferstehung und zum Leben.

Die Angst um uns selbst

Wir haben Angst um unser Leben. Die Angst vor dem Tod ist wohl die größte Angst, die unser Leben bestimmt. Alle anderen Ängste haben damit zu tun. Es ist die Angst vor dem Vernichtetwerden. Oft spüren wir sie gar nicht. Doch unterschwellig ist sie immer vorhanden und meldet sich, sobald wir uns einer Bedrohung ausgesetzt sehen. Auch alltägliche Ängste, z. B. die Angst vor einem Unfall, vor Krankheit, Flugangst, aber auch Ängste um andere Menschen, die wir lieben und die uns nahe stehen, haben mit dieser Grundangst zu tun. Mit ihr kommen wir bereits auf die Welt. Es ist das Gefühl, letztlich nicht geborgen, sondern dem Nichts ausgesetzt zu sein. In solchen Momenten brechen viele Gewissheiten weg, die wir uns zurechtgelegt haben. Manchmal ist es, als würde uns der Boden unter den Füßen weggezogen.

Nicht selten wird diese Angst auch instrumentalisiert, um unser Handeln zu bestimmen. Aus Angst vor Mobbing etwa oder vor dem Verlust des Arbeitsplatzes können Menschen sich verleiten lassen, gegen Recht und Gesetz zu verstoßen. Ganze Strukturen des Bösen können entstehen, die alle mit unserer Angst arbeiten und sie sich zunutze machen. In der Nazizeit konnte man mit der Angst um berufliches Fortkommen Menschen dazu zwingen, Unmenschliches zu tun oder zuzulassen. Denn Menschen tun alles, um die eigene Haut zu retten. Auch die zahlreichen Mafias und Diktaturen sind Kettenreaktionen von Angst und Erpressung.

Der Mensch kann der Macht der Angst um sich selbst aus eigener Kraft nicht entfliehen. Wir bleiben, wie die Bibel sagt, zeitlebens Knechte der Angst, wenn wir uns nicht durch Gottes Wort von dieser Knechtschaft befreien lassen (vgl. Hebräer 2,14f.). Die abgrundtiefe Angst hängt damit zusammen, dass wir endlich und sterblich sind, verwundbar und zerbrechlich. Wir kommen nämlich nicht mit der Gewissheit auf die Welt, im Letzten in Gott geborgen zu sein. Diese Gewissheit und das Vertrauen in Gottes Liebe, also der Glaube, sind uns nicht angeboren. In der Theologie nennen wir diesen Sachverhalt „Erbsünde“. Denn „vererbt“ wird uns nur unsere nackte und dem Tod geweihte Existenz, um die wir so sehr fürchten, dass sie uns genommen wird. Die Gewissheit, in Gott umfassend geborgen zu sein, muss uns erst vermittelt werden. Bei den meisten sind es unsere Eltern gewesen, die uns von Kindesbeinen an durch viele vertrauensbildende Maßnahmen Geborgenheit geschenkt haben. Diese Elternliebe, die wir erfahren haben und die uns Urvertrauen geschenkt hat, ist dann im Lichte des Wortes Gottes ein Gleichnis dafür, dass wir im Leben und im Sterben in Gott geborgen sind. Der Glaube an Gottes Güte muss uns also erst vermittelt werden. Wir können uns diese Gewissheit nicht selber schenken. Sie muss uns durch andere Menschen gegeben und durch gute Erfahrungen immer wieder bestärkt werden, so dass sie uns niemand mehr nehmen kann.

Man kann uns alles nehmen: Hab und Gut, Gesundheit, geliebte Menschen, Freunde wie in der Bibel bei Ijob. Oder selbst das Leben wie bei Jesus. Das kann unseren Glauben zutiefst erschüttern. Denn der Glaube nimmt uns nicht die Angst, aber er ist stärker als die Angst. Er befreit uns aus der *Herrschaft* der Angst und macht uns bereit, die Angst zu ertragen. Ijob konnte auch in allergrößter Not sagen: „Ich weiß, dass mein Erlöser lebt" (Ijob 19,25). Gott blieb ihm selbst unverständlich und rätselhaft. Doch niemand konnte ihn von diesem letzten Vertrauen abbringen. *Heinrich Schütz, Johann Sebastian Bach* und andere Komponisten haben dieses vertrauensvolle Wort Ijobs musikalisch in wunderbaren Motetten vertont. Sie drücken damit aus, dass nichts und niemand uns aus der Gottesgewissheit reißen kann. Ein solcher Glaube, der stärker ist als die Angst, ist allen Menschen zu wünschen und zu verkünden. Denn dazu ist Gottes Sohn gekommen und hat unser Menschsein mit uns in allem geteilt, um uns aus der Macht der Angst zu befreien.

Die Glaubensgewissheit Jesu

Worin bestand für Jesus die Gewissheit, dass in ihm Auferstehung und göttliches Leben verbürgt sind. Zur Zeit Jesu gab es unter den Juden keine Einmütigkeit in der Frage der Auferstehung der Toten. Anders als die Pharisäer glaubten die Sadduzäer nicht an die Auferstehung der Toten. Die Sadduzäer waren eine angesehene und einflussreiche religiöse Gruppe zur Zeit Jesu. Auch Jesus bekam es mit ihnen zu tun. Die synoptischen Evangelien berichten von einer Auseinandersetzung Jesu mit ihnen um die Frage der Auferstehung:

> Und es kommen Sadduzäer zu ihm, welche sagen, es gebe keine Auferstehung; und sie fragen ihn darauf: Lehrer, Mose hat für uns geschrieben: Wenn jemandes Bruder stirbt und eine Frau zurücklässt und kein Kind hinterlässt, dass sein Bruder die Frau nehmen und seinem Bruder Nachkommenschaft erwecken soll. Es waren sieben Brüder. Und der erste nahm eine Frau, und als er starb hatte er keine Nachkom-

menschaft. Und der zweite nahm sie und starb, ohne Nachkommenschaft zu hinterlassen, und der dritte ebenso. Und die sieben hinterließen keine Nachkommenschaft. Zuletzt von allen starb auch die Frau. Bei der Auferstehung – *wenn* sie auferstehen! – wessen von ihnen Frau wird sie sein? Denn die Sieben haben sie zur Frau gehabt. Jesus sagte ihnen: Irrt ihr euch nicht deshalb, weil ihr weder die Schriften noch die Macht Gottes kennt? Denn wenn sie aus Toten auferstehen, heiraten sie weder noch werden sie geheiratet, sondern sind wie Engel in den Himmeln. Über die Toten aber, dass sie auferweckt werden: Habt ihr nicht im Buch des Mose – beim Dornbusch – gelesen, wie Gott zu ihm gesagt hat: *Ich*, der Gott Abrahams und der Gott Isaaks und der Gott Jakobs? Nicht ist er Gott Toter, sondern Lebender. Ihr irrt euch sehr! (Markus 12,18–27)

Mit einer Fangfrage suchen sie Jesus in Verlegenheit zu bringen, indem sie ihm beweisen, wie absurd die Vorstellung einer Auferstehung sei. Das Gespräch Jesu mit den Sadduzäern ist wohl eines der wichtigsten Zeugnisse, um zu verstehen, worin die Glaubensgewissheit Jesu bestand.

Jesus antwortet auf die Frage der Sadduzäer nicht in dem Sinn, in dem die Frage gestellt wurde. Auch referiert er nicht eine der damals gängigen Meinungen zu diesem Problem. Stattdessen stellt er ohne Zögern das *Vorverständnis* der Sadduzäer in Frage. „Ihr irrt euch!“, erwidert er. Und sodann fügt er ihnen ihre Unkenntnis der Schrift und der Macht Gottes vor Augen. Sie irren sich, weil sie Auferstehung missverstehen als Fortsetzung dieses Lebens mit anderen Mitteln und in anderen Sphären. Auferstehung ist für Jesus aber offenbar etwas anderes als eine Verlängerung dieses Lebens ins Unendliche, in welchem dieselben Gesetze gelten wie in dieser Welt: „Wenn sie aus Toten auferstehen, heiraten sie weder noch werden sie geheiratet, sondern sind wie Engel in den Himmeln“. Mit diesem Hinweis auf die Engel im Himmel stellt Jesus klar, dass die Auferstehung etwas ganz und gar Unbegreifliches ist, das in der Macht Gottes gründet. Sie ist so unbegreiflich wie Gott selbst; denn sie fällt genauso wenig unter unsere Begriffe wie Gott. Sie liegt jenseits all unserer Vorstellungen und Erwartungen. Jesus kritisiert damit das Vorverständnis, mit dem die Sadduzäer offenbar nicht in der Lage sind, selbstkritisch die eigenen Vorstellungen in Frage zu stellen.

Doch der Herr stellt nicht nur in Frage. Er bringt auch ein neues Verstehen mit. Ausdrücklich gründet er die Auferstehungshoffnung in der Selbstoffenbarung Gottes vor Mose am brennenden Dornbusch: „Ich bin der Gott Abrahams, der Gott Isaaks und der Gott Jakobs" (Exodus 3,6). Jesu Auferstehungshoffnung gründet also in der Gemeinschaft des Menschen mit Gott, die sich in dieser alttestamentlichen Selbstoffenbarung Gottes artikuliert. JHWH erinnert Mose an seinen Bund mit den Patriarchen. In diesem Sinn beschließt Jesus das Gespräch, indem er sagt: „Nicht ist er Gott Toter, sondern Lebender. Ihr irrt euch sehr!" Abraham, Isaak und Jakob sind offenbar nicht tot, sondern lebendig in Gott. Jeder von uns könnte nun die Reihe fortsetzen, indem er seinen eigenen Namen hinzufügt. Denn der Mensch ist bereits in seinem irdischen Leben in einer Gemeinschaft mit Gott geborgen, die nicht einmal der Tod zerstören kann, weil sie Leben und Sterben überdauert.

Wer um Verstorbene trauert, darf sich mit ihnen weiterhin verbunden wissen. Die Gemeinschaft, die uns mit Gott verbindet, verbindet uns auch mit unseren Toten. Im Heiligen Geist bleiben wir mit unseren Lieben über den Tod hinaus verbunden. Denn unser Gott ist ein Gott der Lebenden und nicht der Toten. Dass niemand von ihnen verloren geht, ist Ausdruck christlicher Hoffnung. Deshalb beten wir als Christen für dir Verstorbenen und auch zu ihnen. Es gehört wohl mit zu ihrer Seligkeit und Freude in Gottes Herrlichkeit, dass wir in Glaube, Hoffnung und Liebe mit ihnen über den Tod hinaus Gemeinschaft haben.

„Ich weiß, dass mein Erlöser lebt" – die Osterbotschaft

„Ich weiß, dass mein Erlöser lebt“. Dies ist unsere christliche Glaubensgewissheit: Jesus lebt. Gott hat ihn auferweckt und aus dem Tode gerettet. Er ist auferstanden, er ist wahrhaft auferstanden! So lautet die Osterbotschaft. Das ganze Neue Testament ist ein einziges Zeugnis für diese Botschaft. Im Licht dieses Glaubens wurde es geschrieben. Die vielen Ostergeschichten in den Evangelien wollen uns im Glauben bestärken. Und auch die noch älteren Osterbekenntnisse der Paulusbriefe zeugen von der Gewissheit, dass Jesus lebt und uns alle Tage nahe bleibt durch sein Wort und in den Sakramenten.

Der Tod ist entmachtet

Jesu vorösterliche Botschaft war bereits verstanden worden: als Wort Gottes, als ein Angesprochen werden von Gott. Sie vermittelte den Jüngern die Gewissheit, dass Jesus der Sohn Gottes war und ist. Sie begegneten in ihm Gott selbst. Marta bekennt, „dass du der Christus, der Sohn Gottes bist, der in die Welt kommt.“ (Johannes 11,27). Wer sich zu Jesu Gottessohnschaft bekennt, kann nicht sagen, dass er im Tod geblieben ist. „Der Tod herrscht nicht mehr über ihn“ (Römerbief 6,9). Die Osterbotschaft ist die Entmachtung des Todes. So haben es die Osterzeugen wie Maria Magdalena, die Emmausjünger, die versammelten Elf und der Apostel Thomas im Glauben an Jesus bezeugt. Und noch früher war es der römische Hauptmann, der unmittelbar nach dem Tod Jesu am Kreuz bekannte: „Wahrhaftig, dieser Mann war Gottes Sohn“ (Markus 15,39). Das Osterzeugnis gründet in der Erfahrung, die Menschen mit dem vorösterlichen Jesus gemacht haben. Dieser war bereits Grund genug, um seine Auferstehung nach dem Kreuzestod zu verkünden. Wer Jesus als Sohn und Christus Gottes bekennt und sich durch ihn als Kind Gottes aufgenommen weiß in die Liebe, mit der Gott seinen Sohn liebt, der kann nicht mehr an die endgültige Macht des Todes glauben. Gott und nicht der Tod ist der in allem Mächtige. Er wird auch uns der Macht des Todes entreißen.

Jesus ist die Auferstehung und das Leben. Im Glauben an ihn haben wir die Hoffnung, dass er auch uns aus dem Tode rufen wird, wenn wir einmal die Augen schließen. Das wird zunächst unendlich weh tun, weil uns alles genommen wird, woran unser Herz hing. Was uns aber dann erwartet, ist so unbegreiflich wie Gott selbst. Wir haben keine Begriffe dafür. Überwältigt, fassungslos und stammelnd drückt die Osterliturgie der Kirche es im Eröffnungsvers der Ostermesse in Anlehnung an Psalm 139 so aus:

Ich bin erstanden und bin immer bei dir.
Du hast deine Hand auf mich gelegt.
Wie wunderbar ist für mich dieses Wissen.
Halleluja!

Dank

Mein Freund Dominik Weiß, Pfarrer in Stuttgart, hat das Manuskript sorgfältig gelesen. Ihm verdanke ich wertvolle Hinweise und Korrekturen.

Für die Aufnahmen des Säulenkapitells aus der Basilika von Vezelay danke ich sehr herzlich Ruth Richter-Menkhaus, Osnabrück, und für die Aufnahmen vom Kreuzaltar in Bad Doberan sage ich Herrn Martin Heider, Kustos und Verwalter am Bad Doberaner Münster, großen Dank. Nicht zuletzt geht mein Dank an Herrn Dr. Stephan Weber vom Verlag Herder für die gute und unkomplizierte Zusammenarbeit.

Die Graphiken auf den Seiten 82 u. 84 sind der Foliensammlung in der PowerPoint-Präsentation zu *Unseren Glauben verstehen* von Peter Knauer SJ entnommen. Sie ist auf der Homepage http://www.peter-knauer.de/knauer0.html herunterladbar.

Für die Zitate aus dem Neuen Testament wurde die ungewöhnlich genaue Übersetzung von Peter Knauer SJ zugrunde gelegt, die bislang nur als Studienausgabe existiert. Sie kann in digitaler Form aus dem Internet unter http://www.peter-knauer.de/NT.html heruntergeladen werden. Die zitierten Texte aus dem Alten Testament habe ich der Einheitsübersetzung des Katholischen Bibelwerks (2016) entnommen.

Anmerkungen

[1] Wenn Juden aus der Bibel vorlesen, dann sprechen sie den Gottesnamen JHWH aus Ehrfurcht nicht aus, sondern sprechen stattdessen *Adonai* (mein Herr). Deshalb umschreibt auch die Einheitsübersetzung der Bibel (2016) überall dort, wo im hebräischen Urtext der Gottesname JHWH vorkommt, diesen Namen mit „der HERR".

[2] Vgl. dazu Heinrich Zimmermann, Das absolute Ἐγω εἰμι als neutestamentliche Offenbarungsformel, in: Biblische Zeitschrift NF 4 (1960) 54–69; 266–278; auch Joseph Ratzinger/Benedikt XVI, Jesus von Nazareth, Band I, Freiburg 2007, 397–407.

[3] Dietrich Bonhoeffer, Widerstand und Ergebung, Briefe und Aufzeichnungen aus der Haft, hg. v. E. Bethge, Gütersloh [12]1983, 179.

[4] Die Formulierung „Gott ist ohne Wen nichts ist" verdanke ich meinem theologischen Lehrer *Peter Knauer SJ*. Damit vermeidet man, Gott auf ein Geschlecht (männlich oder weiblich) festzulegen. Aber zugleich wird er als *personaler* Gott verstanden, nämlich als ein Jemand (Wer?) und nicht als ein Etwas (Was?). Denn unser Ausgangspunkt im Glauben ist ja die Begegnung mit dem Wort Gottes, also mit jemand, der uns anspricht.

[5] Markus Knapp, Gott – Natur – Mensch. Eine theologische Standortbestimmung angesichts der Klimakrise, Freiburg 2023, 51.

[6] Vgl. dazu Johannes Beutler, Das Johannesevangelium. Kommentar, Freiburg 2013, 304.

[7] Dieser biblische Erzähler wird *Jahwist* genannt, weil er für Gott den Gottesnamen JHWH (= Ich bin, der ich bin) verwendet (vgl. Exodus 3,14), der aber im Judentum nicht ausgesprochen wird.

[8] Ich greife hier zurück auf mein Buch: Christus in den Religionen. Der christliche Glaube und die Wahrheit der Religionen, Paderborn [2]2010, 126–132.

[9] Gerhard Ebeling, Dogmatik des christlichen Glaubens, Band III, Tübingen 1979, 182 (kursive Hervorhebung im Zitat von mir).

[10] Emmanuel Lévinas, Philosophische Bestimmung der Idee der Kultur, in: ders., Zwischen uns. Versuche über das Denken an den Anderen, München – Wien 1995, 227f.

[11] Dieser Begriff stammt aus der theologischen Tradition. Im Glauben an Christus wird unser Geschaffensein ja auch als Gabe erkannt, eben als „geschaffene Gnade“, für die wir dankbar sind. Denn wir sind nicht bloß geschaffen, sondern bereits „in Christus“ geschaffen (vgl. Kolosserbrief 1,16) und so in der Gemeinschaft mit Gott, in der Liebe des Vaters zum Sohn. Zur „geschaffenen Gnade“ gehören auch alle guten Gaben wie Gesundheit, heile Beziehungen, unsere Begabungen, Frieden und einfach alles, was uns froh uns dankbar sein lässt. Doch von geschaffener Gnade können wir nur sprechen, wenn wir die „ungeschaffene Gnade“ angenommen haben. Diese ist Gott selbst in seiner Zuwendung zu uns, also unsere Gemeinschaft mit Gott.

[12] Für das Vaterunser verweise ich auf mein Buch: Vater unser. Mit Jesus beten, Norderstedt 2022.

[13] Dietrich Bonhoeffer, Nachfolge, München 1937; 1987, 13–27, hier 13.

[14] Siegfried Lenz, Fundbüro. Roman, Hamburg 2003.

[15] Vgl. dazu das Buch von Christoph Wrembek SJ, Judas, der Freund. Du, der du Judas trägst nach Hause, trage auch mich, München 2018.

[16] Die Übersetzung „in den Namen“ ist ungewohnt. Viele übersetzen mit „im Namen“ oder „auf den Namen“. Im griechischen Urtext steht aber wörtlich übersetzt „in den Namen“. Taufen bedeutet ja „hineintauchen“. Der Täufling wird *in* das Wasser hineingetaucht. Diese Zeichenhandlung der Taufe will sagen, dass der Täufling in die Wirklichkeit Gottes („Name“ steht in der Bibel stets für die Person, die damit bezeichnet wird) hineingetaucht wird, nämlich in die innergöttliche Gemeinschaft von Vater, Sohn und Geist.

[17] Vgl. 2. Vaticanum, Dekret über den Dienst und das Leben der Presbyter *Presbyterorum ordinis*, 16,1.

[18] Vgl. *Das Johannesevangleium*, a. a. O., 421.

[19] Hierzu Peter Knauer, Der Glaube kommt vom Hören. Ökumenische Fundamentaltheologie, Norderstedt [7]2015, 121f.

[20] Ebd., 121.

[21] Teresa de Jesús, Buscando a Dios, in: Obras completas, Burgos 1987, 1687f: „Alma, buscarte has en Mi, y a Mi buscarme has en ti."

[22] Raimon Panikkar, Christophanie. Erfahrungen des Heiligen als Erscheinung Christi, Freiburg 2006, 53.

[23] Dazu Christian Feldmann, Wer glaubt muss widerstehen. Bernhard Lichtenberg – Karl Leisner, Freiburg [2]1996.

[24] Ausführlich dazu mein Buch: Viele Religionen – welche Wahrheit? Ein neuer Blick auf die nichtchristlichen Religionen, Freiburg 2021.

[25] Die Zeloten (Eiferer) waren eine um Christi Geburt gegründete jüdische paramiltärische Widerstandsbewegung gegen die römische Besatzung.

[26] Deshalb durfte später Paulus nicht gekreuzigt werden, weil er römischer Bürger war. Er wurde geköpft.

[27] Dazu Gerd Theißen/Annette Merz, Der historische Jesus. Ein Lehrbuch, Göttingen [2]1997.

[28] Peter Knauer, Der Glaube kommt vom Hören, a. a. O., 146.

[29] Ebd.

[30] Ebd., 147.

[31] Leo der Große, 2. Predigt über die Himmelfahrt (PL 54, 398A).

[32] Maurice Blondel, Tagebuch vor Gott, 1883–1894, Einsiedeln 1964, 35.

[33] Aurelius Augustinus, Die Bekenntnisse, übers. v. H. U. von Balthasar, Einsiedeln 1985, 8. Buch, Abschnitt XI/26.

[34] Peter Knauer merkt in seiner Übersetzung zu diesem Vers an: „Das Wort ‚sterben' wird in diesem Satz in zwei unterschiedlichen Bedeutungen gebraucht, einmal im Sinn des irdischen Todes (‚auch wenn er stirbt') und einmal im Sinn ewigen Todes (‚wird in die Ewigkeit nicht sterben')"

Christlicher Wahrheitsanspruch und die Wahrheit der anderen Religionen

184 Seiten | Gebunden
ISBN 978-3-451-38973-3

Das Buch zeigt, wie es die christliche Botschaft ermöglicht, auch anderen Religionen unüberbietbare Wahrheit und Heilscharakter zuzuerkennen, ohne damit den eigenen Wahrheitsanspruch zu relativieren. In allgemeinverständlicher Weise führt es den Leser Schritt für Schritt zu einer faszinierenden Sicht, die u.a. am Beispiel des Islam verdeutlich wird. Zahlreiche Grafiken erleichtern das Verständnis des neuen Ansatzes

In jeder Buchhandlung!

HERDER

www.herder.de